삶을 바꾸는 비결

요즘 사람들의 고민, 인생코치와 함께 찾은 2가지 실행법

삶을 바꾸는 비결

요즘 사람들의 고민,
인생코치와 함께 찾은 2가지 실행법

나비다 조혜연 지음

나비북스

시작하며

올해 초 문득, 자연스럽게 책을 써야겠다고 생각했습니다. 드디어 코치로서 첫 책을 쓸 수 있겠다 싶었으니까요. 내면과 창조성이라는 주제로 나를 찾고 내가 원하는 삶을 살도록 돕는 라이프 코칭을 무수히 진행하는 중, 어느 날 제가 동일한 이야기들을 반복하고 있다는 것을 깨달았습니다. 만나는 고객님들도 어제 만난 분과 오늘 만난 분이 꼭 같은 사람이 아닐까 생각 될 정도로 사연이 유사한 경우가 많았습니다. 20살을 만나고 50살을 만났는데 전혀 나이 차이가 느껴지지 않을 정도로 비슷한 고민 속에서 비슷한 방식으로 힘들어 하는 것을 꾸준히 목격하고 있는 저를 발견하게 되었죠. 그렇다면 뭔가 정리해볼 수 있겠구나, 내가 경험한 것들을 바탕으로 동시대 사람들을 관통하는 의미 있는 내용을 꾸려볼 수 있지 않을까 생각이 들었습니다.

저는 전공이 심리학이거나 유사 학문도 아니고 상담사나 코치가 저의 직업이 될 수도 있을 거라고 단 한번도 상상해본 적이 없었습니다. 돌이켜보면 친구들이 "너는 다른 사람의 이야기를 참 잘 들어준다."고 했었는데 나만 몰랐지 결국 이 일이 이미 천직이었을까요? 그렇지만 청소년 시절부터 전 막연하면서도 단단하게 예술가가 되고 싶었습니다. 결국 예술가가 되었습니다만 그 과정은 순탄치 않았습니다. 잘 맞지 않는 이과 공부와 함께 전산학과에 진학했고 늘 주변과 갈등했습니다. 늦게라도 음악으로 진로를 틀고 드디어 음악인 활동을 시작했습니다. 나만의 극단도 만들고 행위 예술가 대열에 합류하는 등, 용기와 추진력에도 불구하고 늘 마음 속은 분노, 위축, 불안들이 들끓었습니다. 결국 제 작품 대부분은 저의 부정적인 마음 속이 반영되어 있습니다. 예술 행위로 해소하고 치유하고 사람과 세계를 공부하면서 어느덧 저의 모든 작품들은 심리극이 되어갔고 예술 치유 프로젝트가 주를 이루게 됩니다.

예술가로서의 활발한 심리치유 활동과 발표가 15년 가까이 되어갈 무렵 본격적인 라이프 코치 역할이 시작됩니다. 저의 지난 활동들을 지켜 보던 분들이 제 예술 치유 프로젝트의 진행 방식과 방향이 코칭과 비슷하다는 말을 해 주기 시작했습니다. 알아보니 심리상담학과 코칭학이 구분되어 있고 둘의 탄생 역사와 주요 지점이 다르다는 것도 알게 되었지요.
그런데 정말 코칭 철학과 코칭 기법이 제가 항상 집요하게 추구하는 방향이더군요. 코치라는 말만 쓰지 않았지 저는 이미 코치였습니다. 그러니까 코치가 무엇보다 중요하게 생각하는 것이 인간 개개인의 존중과 존엄성 입니다. 그리고 전 항상 이것을 간절하게 원했죠. 각각의 존재가 무한한 가능성을 갖고 태어나고 원하는 것을 스스로 선택, 결정하면서 각자의 방식으로 어려움을 해결할 힘이 자신 안에 있다는 것. 그래서 코치는 항상 고객님을 만날 때 수평적인 관계로서 그 사람의 입장이 되어 도움을 드리는 것을 목표로 합니다. 가르치거나 해결책을 주는 것은 코칭의 번외 작업입니다.

매회 코칭 시간은 상대의 진정한 진심과 진실을 함께 정확히 알기 위한 좋은 질문과 경청이 주를 이룹니다. 넘겨 짚거나 빠르게 예측하며 아는 척을 하는 것은 코치의 실력이 아닙니다. 이야기를 깊이 나누다 보면 정말 제 마음 속에 생겨났던 초기 예상이 대부분 틀립니다.

코치의 한정된 지식과 경험 속에서 이래라 저래라 해결책과 지침을 주는 사람이 코치가 아니라면서 감히 지금 출간하려는 책은 요즘 사람들의 고민에 지침을 준다고 하니 앞뒤가 안 맞나요?

맞습니다. 그래서 이런 책을 쓸 생각도 애당초 해본 적이 없습니다.

주구장창 다양한 연령대와 직업군의 고객님들을 상대하게 된 후에야 자연스럽게 이르게 된 결과인 거 같습니다.

사실 이렇게까지 코칭을 열심히 하게 된 것은 저와 잘 맞아서 이기도 했지만 제 밥벌이에 긴급 상황이 벌어졌기 때문이기도 합니다. 자세한 이야기는 서문의 지면에서는 불가능 합니다. 어찌 되었든 전 생사를 걸고 사냥하듯 라이프 코칭과 관련 교육을 닥치는 대로 이어갔습니다. 코칭업계에서 유료코칭 시간의 합을 코치의 실력으로도 본다는데, 그렇게 친다면 전 꽤 실력 있는 코치입니다. 어떤 때는 일주일에 12명 정도의 고객을 만나는데 이 정도로 8년여가 흐르니 과거에는 예술로부터 멀어지는 내가 싫었는데 이젠 코치로 자부심을 느끼며 예술가였던 저를 굳이 소개하지도 않게 되었네요. 8년간 개인코칭으로 만난 분들이 약 700명 가까이 되는 거 같고, 조만간 유료 개인코칭 시간은 3000시간이 넘을 거 같습니다. 그 전 15년 간의 예술 치유 활동에서도 전국을 돌고, 공간을 운영하며 상당히 많은 분들을 만났으니 나름 이 시대 사람들의 고민과 경향들을 어느 정도 알고 있다고 자부해도 되지 않을까요?

이 책에서 제시하는 2가지 실행법들은 결국 저 혼자 책상에서 연구한 것을 나열한 것이 아니라 코칭 철학과 코칭 기법에 입각하여 깊이 있는 코칭 대화를 나누는 중에 고객님들과 함께 찾은 결론들입니다. 제가 앞서 의견을 주려고 하지 않아도 대상이 곰곰이 생각해서 말하도록 끌어 내다보면 신기하게도 스스로 지혜로운 방법들을 찾아냅니다. 그러면 저는 그 결론들에 저의 연구와 전문성을 덧대어 정돈하고 의미를 설명하고 당장 어떻게 실행할지 구체화 시켜드리는 거죠. 그렇게 일상에 적용하면서 어떤 변화가 있는지 같이 확인하고 변주합니다. 고객님별 기질, 성격이 다 다르니 큰 설정은 대부분 유사하지만 현실에서 풀어 가는 방법은 조금씩 다릅니다.

이 책에는 실제 제가 만난 고객님들의 살아있는 고민과 사연을 중심으로, 자꾸 공통적으로 확인되는 결론과 변화들을 바탕으로, 2가지 실행법을 정리해봤습니다.

사실 코치로서 누군가를 돕고 있다고 하지만 가장 큰 수혜자는 접니다.

700명을 코칭 했다는 것을 저는 700개의 도시를 여행했다고도 표현합니다. 700권의 책을 읽었다고 볼 수도 있구요. 정말 저는 늘 세계 여행을 하는 기분입니다. 실제 여행과 영화들이 좀 시시하게 느껴질 정도로 한 사람 한 사람의 은밀하고 진한 이야기들은 어떤 것과도 비교 할 수 없는 특별하고 경이로운 경험입니다. 여행과 콘텐츠에 감동과 배움이 있듯 한 분 한 분과의 코칭에 어마어마한 감동과 배움이 있습니다. '내가 코칭을 하지 않았더라면 세상에 대해 뭘 알았을까' 싶을 정도로 한 사람의 우주를 이토록 진하게 경험하기는 쉽지 않은 거 같습니다.

그리고 지속적으로 고객님들을 만나야 하니 코치로서 저의 됨됨이와 삶의 방식도 자꾸 점검하고 돌아보게 되더군요. 이 모든 것이 제가 코칭활동을 했기에 얻은 수혜들 입니다.

이렇게 보면 밥벌이에 긴급 상황이 벌어진 것도 참 다행입니다.

모두 다 코치라는 직업을 가질 순 없겠죠. 따라서 제가 코치로서 진실되게 경험한 사람들의 살아 숨 쉬는 이야기들을 〈삶을 바꾸는 비결 - 요즘 사람들의 고민, 인생코치와 함께 찾은 2가지 실행법〉이라는 내용으로 유익하게 전해보려 합니다.

예술가로서의 출간이 있었지만 코치로서는 첫 책 이기에 출간 후 독자님들을 만나고 나서야 발견되는 부족함과 아쉬움이 당연히 있을 거라고 생각합니다. 그럼에도 지금 저는 많이 설렙니다.
지금의 저는 많은 것이 진심이고 진실인가 봅니다. 독자님들과의 소통이 기다려지고 기대됩니다. 곧 만나뵈어요.

                                    2025.9.3 정릉에 위치한 카페에서

차례

시작하며 ... 5

Chapter 1) 감정 — 내 마음을 이해하고 다루기

1. 불안한 마음을 어떻게 진정시켜야 할까? 24
2. 눈물이 너무 많아요. 그게 싫어요. 31
3. 우울하고 무기력해요. 사는 이유를 모르겠어요. 38
4. 아이에게 심하게 화를 내는 나, 이유가 뭘까? 43
5. 상처 받은 내면아이, 마주하기가 두려워요. 48
6. 트라우마, 없앨 수 없을까? 55
7. 감정 조절을 잘 하는 법은? 60

Chapter 2. 관계 — 상처를 주고받는 사람들 사이에서

1. 대화를 잘 하려면?   68
2. 상처 줄 까봐 걱정되고 불편해요.   74
3. 자기중심적이고 무례한 사람, 어떻게 대처할까?   81
4. 짜증 나는 사람 때문에 힘들어요.   88
5. 왜 사람들은 나를 만만하게 볼까?   94
6. 아무도 못 믿겠어요 (1) - 불신과 상처   100
7. 아무도 못 믿겠어요 (2) - 저 말이 진실일까   109
8. 인간 혐오가 큰 거 같아요.   118
9. 사랑, 연애, 왜 이렇게 어려울까?   127

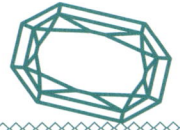

Chapter 3 · 일상 — 내 삶을 지켜내는 습관들

1. 자꾸 미루는 습관, 어떻게 고칠 수 있을까? 138
2. 쉬면 불안한 나, 잘 쉬려면 어떻게 해야 할까? 144
3. 스마트폰 중독, 어떻게 끊을 수 있을까? 152
4. 왜 이렇게 자주 아플까? 163
5. 혼자 있지 못하는 나, 혼자 잘 있으려면? 169
6. 명상, 꼭 해야 할까? 176

Chapter 4 · 자아 찾기 — 진짜 나로 살아가기

1. 그 동안 부모님, 사회가 시키는 대로 살았는데 이제 어떻게 살아야 할까? 186
2. 하고 싶은 것, 해야 할 것 너무 많은데 우선순위는 어떻게 정하지? 193
3. 내 생각에 확신을 가지려면? 198
4. 내가 좋아하는 것, 어떻게 찾을 수 있을까? 204
5. 마음이 시키는 대로 살아도 괜찮을까? 211
6. 나도 착한 사람 컴플렉스? 218
7. 사람은 정말 변할 수 있을까? 226

Chapter 5 자기 계발 — 꿈과 성장을 향해

1. 새로운 시도가 두려운 나, 용감해 질 수 있을까?   238
2. 많이 의존적인 나, 홀로 설 수 있을까?   245
3. 성격은 바뀔 수 있을까?   252
4. 빠르게 실력을 키우려면?   258
5. 인내심을 갖고 결과를 만들어내는 힘은?   263
6. 내가 원하는 꿈, 정말 이룰 수 있을까?   270
7. 부자가 되려면?   277

두 가지 실행법 모음   286
마치며   294
참고 문헌   298

독자님들께

이 책은 순서대로 읽어도 좋고 나에게 좀 더 필요한 주제부터 선택해서 읽어도 좋습니다.

커피 한 잔 하면서 한 단락 씩만 가볍게 읽어도 좋습니다.

아무 때나 손에 잡히는 부분을 펼쳐서 읽어도 좋습니다.

두 가지 실행법에 있어서도 부담 느끼지 마세요.
내 마음이 먼저 편안해지고 충분한 시간 속에서 진심으로 설득되는 것이 중요합니다.

그러다가 어느 날 문득, 불쑥 내 스타일로 실행해보세요.
부담과 저항이 없을 때 가장 효과가 있으니까요.

냉철한 지성, 맑고 지혜로운 통찰, 따뜻한 마음, 뜨거운 열정이 골고루 깨어나길 바랍니다.

무엇보다 여러분들이 외롭고 막막한 순간 코치가 바로 옆에서 함께하는 안정감을 드리고 싶습니다.
코치가 필요할 때 이 책을 펼치세요.

부록

본문에 자주 언급되는 뇌 과학 용어와 설명을
한눈에 보기 쉽게 정리해봤습니다.
참고하세요.

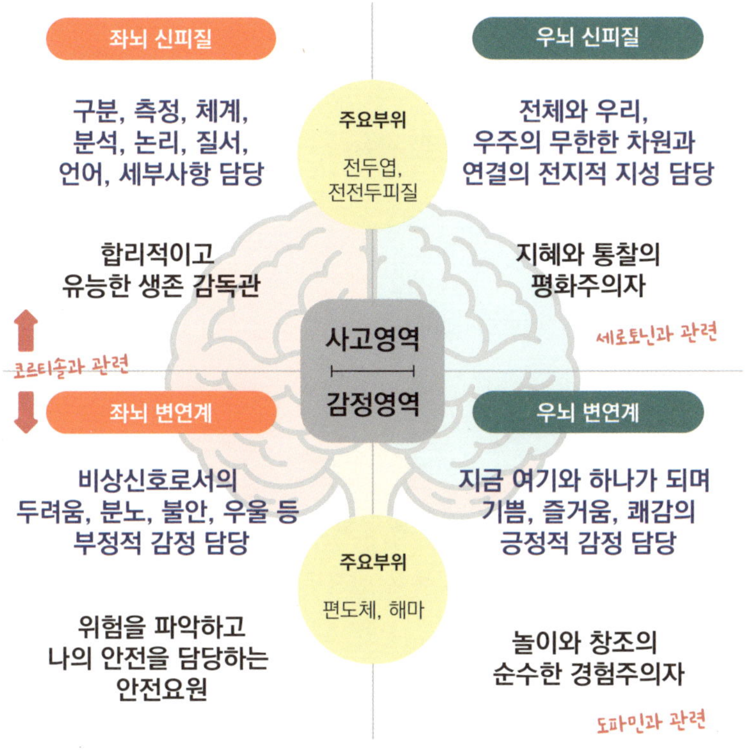

좌뇌 신피질	우뇌 신피질
구분, 측정, 체계, 분석, 논리, 질서, 언어, 세부사항 담당	전체와 우리, 우주의 무한한 차원과 연결의 전지적 지성 담당
합리적이고 유능한 생존 감독관	지혜와 통찰의 평화주의자

주요부위: 전두엽, 전전두피질

사고영역 ↔ 감정영역

↑ 코르티솔과 관련 ↓

세로토닌과 관련

좌뇌 변연계	우뇌 변연계
비상신호로서의 두려움, 분노, 불안, 우울 등 부정적 감정 담당	지금 여기와 하나가 되며 기쁨, 즐거움, 쾌감의 긍정적 감정 담당
위험을 파악하고 나의 안전을 담당하는 안전요원	놀이와 창조의 순수한 경험주의자

주요부위: 편도체, 해마

도파민과 관련

◈ 우리는 변연계 세포를 통해 감정을 경험합니다.

◈ 인간에게 새롭게 추가된 고위 신피질 세포를 통해 동물과 좀 다른 독특한 고기능의 사고를 경험합니다.

◈ 변연계 부위의 편도체가 위험 요소, 기쁨 요소를 발견하고 신호를 울립니다.

◈ 편도체 바로 옆에 위치한 해마는 감정과 연결하여 기억과 기본 학습을 담당하고 신피질의 사고 기능과 연결됩니다.

◈ 사고 영역의 주요 부위인 전두엽이 판단과 운동, 계획과 문제해결의 인간 지능 전반에 관여하며 특히 전전두피질이 기억력, 사고력에 있어 고등 행동의 핵심 영역입니다.

◈ 보통 좌뇌가 개체의 생존, 나 자신의 유능한 안전에 집중한다면 우뇌는 저 너머의 숲을 보고 우리가 하나 되는 감사와 지금 여기의 기쁨을 경험하게 합니다.

질 볼트 테일러의 저서 [나를 알고 싶을 때 뇌과학을 공부합니다] 에서 제시한 구조를 많이 참고했습니다.

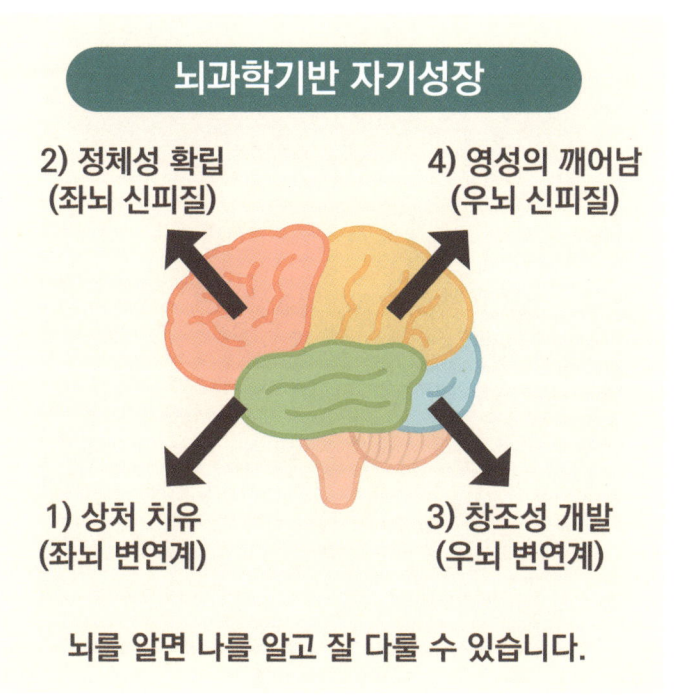

Chapter 1.
감정

내 마음을 이해하고 다루기

1. 불안한 마음을 어떻게 진정시켜야 할까?

코칭을 하면서 많이 받는 질문 중 하나가 "너무 불안해서 감정이 휘몰아칠 때, 생각이 너무 복잡하고 멘탈이 흔들릴 때 어떻게 진정시킬 수 있을까요?" 입니다. 지금이 불안의 시대라고 하던데 정말 많은 분들이 불안이라는 감정을 가장 많이 느끼는 거 같습니다. 자본주의 산업 사회의 풍요로운 물질과 수준 높은 의식주의 살기 좋은 시대 속에서 오히려 더 느끼는 감정이 불안이 되었습니다.

사실 나의 불안을 너무 내 몫으로만 여기지 말고 앞뒤 전후를 좀 살펴보면서 이해하는 과정도 불안을 진정시키는 방법으로 큰 도움이 될 수 있습니다.

우린 서사를 알고 맥락을 이해할 때 그것 만으로 충분한 안정감을 취할 수 있는 고차원적 고등 동물이기도 합니다. 따라서 세상을 이해하고 사람을 이해할 수 있는 자료나 책들을 찾고 알아보고자 하는 활동을 제안합니다. 그럼에도 갑자기 휘몰아치는 불안한 감정은 우선 신속하게 집중해서 안정화 시킬 필요가 있습니다. 그래야 자료도 찾고 책도 볼 수 있겠지요.

사람마다 상황이 다 다르고, 대처법도 다양하게 응용될 수 있지만 우선은 딱 이 두 가지 실행법을 제안 드리고자 합니다.

1) 글로 쓰며 셀프코칭 하세요

솔직한 심정을 토해내듯, 쏟아내듯 손 가는 대로 노트에 자신의 감정을 호소합니다.

내 이야기를 다 받아 줄 것 같은 존재에게 하소연하듯, 투정하듯 편하게 적으며 감정을 풀어 주는 시간을 먼저 하세요. 감정을 일으키는 뇌의 변연계 부분은 토해내며 해소하고 사고하는 뇌인 신피질의 전두엽은 글 쓰는 행위를 통해 이 상황을 객관적으로 바라보고 이성을 찾는 역할을 합니다.

앞으로 지속적으로 뇌 과학 지식을 활용하여 일상을 건강하게 만드는 자기관리법을 설명 드릴텐데요.
불안을 다루는 방식에서도 그렇고 우리 뇌가 가지고 있는 다양한 기능들을 잘 이해하고 전뇌적으로 조화롭게 사용함으로써 자신을 원하는 방향으로 이끌어 갈 수 있습니다.

우린 보통 부정적인 감정이 일어날 때 누군가에게 막 풀고 싶어합니다. 심정적으로 의지하고 싶은 마음이 드는 거죠. 따라서 나를 잘 이해해 줄 거 같은 사람, 편한 사람, 혹은 만만한 사람에게 막 쏟아내곤 합니다. 흔히 감정 쓰레기통을 찾는다고 하죠.

불안으로 드러나는 현상 아래에는 두려움, 분노, 죄책감, 수치심 등 다양한 감정들이 상당히 복합적으로 얽혀 있습니다. 따라서 의지하고 싶은 대상을 찾아 자신의 마음을 표현 하려고 해도 막상 두서가 없고 상대는 나의 깊은 속내를 충분히 이해하기 어렵습니다. 따라서 불안하다고 자꾸 누군가를 찾는 것은 막상 불안을 안정화 시키는 데에 근본적으로는 도움이 되지 않습니다.
누구와 함께 있으며 막 풀면 순간 속은 시원하고 의지가 되는 거 같지만 솔직한 심정을 차근히 들여다보진 않았기에 진정한 원인을 해석하거나 지혜로운 해결 방법을 찾긴 어렵습니다. 그래서 금방 비슷한 감정 패턴을 반복하게 됩니다.

들끓고 아무에게나 풀고 그러나 변하는 것은 없는.

불안이라는 감정으로 이야기를 시작했지만 사실 불안과 함께 가장 많이 동반되는 감정은 화, 분노 입니다. 불안해서 상황을 통제해야 하고 상황이 내 마음대로 통제가 되지 않으면 화가 나게 됩니다.

불안이든 분노든 결국 외부에 의지하거나 외부를 통제해 해결하려고 해봤자 전혀 의미가 없습니다.
결국 이 모든 숙제를 풀 수 있는 주인공은 나 자신입니다.
따라서 타인과 외부 상황에서 시선을 돌려 나 자신을 봐야합니다.
그것을 실제적으로 실현시켜 주는 행위가 글 쓰기 행위입니다.
나의 인격을 두 자아로 분리 시켜서 타인 대신에 나에게 심정적으로 의지하는 겁니다. 상상이 잘 안 될 수 있지만 막상 글을 써보기 시작하면 금방 감을 잡을 수 있습니다.
시나리오 작가가 대본을 쓰듯, 불편하고 속상한 마음을 투정 부리고 응석 부리는 나와 이 모든 것을 따뜻한 마음으로 공감해주고 경청 해주는 나로 분리해서 대화하는 상황으로 적어보세요.

솔직하게 토해낸 자신의 감정을 좋은 엄마가 아이의 심정에 따뜻하게 관심을 가지며 질문하듯 글을 이어갑니다.

◆ 어떤 상황이 너를 가장 불안하게 하니?
◆ 뭐가 가장 답답하니?
◆ 화가 나는 부분은 뭐야?
◆ 겁나는 건 뭐야?
◆ 어떻게 하면 풀릴 거 같아?
◆ 어떤 도움이 필요해?
◆ 네가 진정 원하는 것이 뭐야?
◆ 지금 당장 무엇부터 하면 좋겠니?
◆ 어떤 행동이 가장 지혜로울까?

감정의 의미를 해석하고 함께 방법을 찾는 글을 써나가는 겁니다.
나를 가장 잘 아는 내가 나와 대화를 하는 시간입니다.

저는 이 시간을 글쓰기 재 양육 시간이라고도 표현합니다.
어린 시절 내가 받고 싶었던 양육을 지금의 내가 나에게 해주는 시간입니다.
'우리 엄마가 겁먹은 나에게 이렇게 해주길 바랬어', '이렇게 해줄 때 좋았어'를 떠올리며 내 안의 어린아이와 엄마를 다 깨워내서 글로 대화를 적어보세요.

감정을 글로 쓰고 그것을 나의 또 다른 눈이 바라보고 있다는 것은 전혀 다른 차원의 시선과 관점을 찾게 끔 도와줍니다. 그리고 무엇보다 내 마음을 내가 알아주고 있는 그 순간 자체가 참으로 소중한 시간입니다. 나의 불안을 남이 알아주는 것이 아니라 내가 알아주는 시간이 되는 겁니다. 이렇게 저렇게 끄적이다 보면 알아주는 것에서 더 나아가 전혀 생각지 못한 해결책을 찾게 되는 경우가 많습니다.

글 쓰기로 셀프코칭 하기, 글로 쓰며 나와 대화하기. 아마 해보시면 불안을 진정 시키는 최고의 방법이라는 걸 깨닫게 되실 겁니다.

2) 5분만 명상 하세요

눈만 감고 있어도 명상 효과가 있습니다. 시각만 차단해도 자극이 줄고 좀 단순해 질 수 있어요.
명상이 뭔지 몰라도 그렇게 5분만 있기로 합니다. 미치겠더라도 그냥 알람을 맞춰 놓으세요.
부정적 감정으로 인한 호르몬 변화나 신체 변화는 90초의 법칙을 따른다고 합니다.

그러니까 일정량의 신경 전달 물질이 90초가 지나면 한 번 다 빠져나가고 그 통은 비워지게 되죠.
그 사이 내가 나를 진정시키고 조금 전의 나쁜 감정을 붙들고 있지만 않으면 호르몬이 다시 채워지고 또 발현되는 상황이 반복되지 않습니다.

5분 동안 눈을 감고 마음을 진정시킬 수 있는 좋은 말, 명언, 위로의 말, 성인들의 말씀, 감동적인 시나 소설의 한 구절, 새소리, 물소리 등을 떠올리세요.
그러니까 평소에 내 마음을 평온하게 하거나 긍정적으로 만들어 줄 수 있는 콘텐츠들을 미리 물색하고 염두에 두고 있다가 위급한 순간 되네이거나 플레이를 하면 좋겠죠?

이 방법 또한 나의 부정적 감정을 풀기 위해 타인에게 기대는 것이 아닙니다. 두 가지 다 스스로의 힘으로 부정적 감정을 다루는 방법을 연습하는 것입니다.
이것이 익숙해지고 수월해지면 그 누구보다 튼튼한 자신을 느끼게 되고 그렇게 되면 자꾸 타인 의존적이거나 종속적이 되는 것에서도 벗어나게 됩니다.

자유롭고 튼튼한 내가 됩니다.
남을 힘들게 하거나 괴롭히지 않게 됩니다.

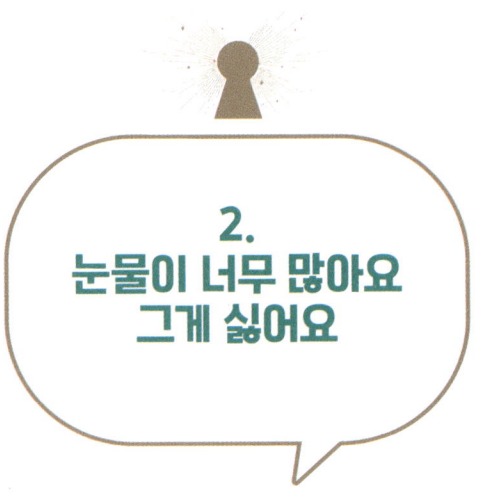

2. 눈물이 너무 많아요 그게 싫어요

　눈물을 흘린다, 운다, 슬퍼한다는 행위에 많은 분들의 인식이 부정적입니다. 뭐든 강인하게 이겨내고, 쿨하게 취급하는 것이 멋지고 어른스럽다고 생각합니다.

특히 남자분들은 절대 눈물을 보여선 안된다고 교육 받으면서 자랐습니다. 지금은 세상이 많이 변했다지만 여전히 눈물을 나약하고 어리숙한 모습으로 여기면서 거부하려는 분들을 많이 봅니다. 오히려 분노를 더 나은 감정이자 강인함의 표상으로 여기는 분위기 입니다.

울 바에 소리를 지르는 것이 낫다고 봅니다.

대부분 많이 드러내는 행동 방식은 진정한 자신의 속내는 방치한 채 겉으로는 뭐든지 괜찮은 사람인 척 합니다. 큰 사람인 척 합니다.

삶에는 기쁨과 즐거움 만큼 슬픔과 괴로움도 함께 한다는 걸 알면서도 사람들 사이에서 나의 이미지는 모든 걸 초월한 사람 같거나 모든 걸 이겨낸 사람으로 보여지길 바랍니다.

이 세상에서 잘 살아남기 위해 대대손손 이런 태도가 유리할 거라고 믿으며 물려주고 물려받은 거 같습니다. 강하고 센 사람이 좀 더 잘 살아 남은 거 같고 경쟁에서 이기려면 슬퍼하는 감성은 거추장스러우니 버려버리고 싶습니다.

이러한 인류의 역사 속에서 이런 마음 자체가 꼭 잘못되었다기보다, 그리고 아무 때나 울고 불고 하라는 것도 아니고요.
강인해야 한다는 사고방식이 너무 강할 경우 오히려 강인하고 쿨해지기 힘들다는 것입니다.

진정 강인하고 쿨해지고자 한다면 내 안에서 벌어지는 별별 감정과 상태들을 방치하거나 외면하기보다 제대로 바라보고 이해해 본 후 잘 풀어주는 것이 훨씬 효과적입니다.

눈물을 흘리는 자신이 한편으로 어리석고 불쌍해 보이지만 이 감정을 느끼는 것이 옳습니다.

나는 꼭 강인하고 쿨해야 하는 것이 아니라 어리석기도 하고 불쌍하기도 한 존재임도 맞고, 그런 나를 잘 보살피고 달래면서 결국 다시 강인하고, 쿨하게 일어나서 삶을 이어 가는 것이죠.

1) 오히려 작정하고 우세요

눈물은 부정적인 감정을 해소하고 정화 시켜 주는 강력한 효과가 있습니다.

두려움, 공포, 분노, 불안, 우울의 감정들은 스트레스 호르몬인 코르티솔을 만들어내는 정말 부정적인 감정입니다만 눈물과 슬픔은 좀 다릅니다.

뇌의 좌측 편도체에서 내가 안전하지 못하다고, 위험하다고 판단할 때 발생 시키는 감정이 공포와 분노와 불안 계열이라면 슬픔은 이 모든 상황을 관망하며 느끼는 2차 감정이자 메타인지적 감정입니다. 분노의 눈물 조차도 무력감, 자신의 한계를 인지하기에 나오는 눈물이기에 슬픔과 눈물은 또 다른 눈, 시선을 동반하는 감정과 상태입니다. 따라서 무서워하고 불안해하고 속상해하고 실망하고 절망스러워서 눈물을 흘린다는 것은 그 날것의 위태로운 감정을 바라보며 안타까워 하고 안쓰럽게 여기고 불쌍히 여기는 연민의 마음이 동반되는 것입니다.
다소 항복하는 마음, 힘을 빼는 마음, 인정하는 마음도 불러 일으킵니다.

두려움과 절망, 후회와 상실을 느끼며 어찌할 바 모르는 자신을 안쓰럽게 여기고 이러한 현실을 망연자실하게 항복하는 상태에 보통 슬픔의 눈물이 쏟아집니다.

자기연민, 자신을 불쌍하고 가련하게 여기는 것, 농정심을 나쁘게 여기는 분들이 계시는데 자기를 연민 하지 않는다면 누가 나를 위로하고 보듬어 줄까요.
자기 연민을 아름다운 측면으로 바라볼 수 있을 때 타인의 위로도 받아 들일 수 있습니다.

이렇게 슬픔과 눈물은 아름다운 감정입니다.
내려놓고 인정하면서 안쓰럽게 바라보는 것.
이 상태에는 큰 차원의 사랑이 깃들어 있습니다.
따라서 정화와 해소가 일어납니다.
꽉 막혔던 기가 뚫리고 코르티솔 분비도 멈춥니다.

따라서 가슴이 답답하고 미치겠거든 그냥 작정하고 우세요.

혼자만의 공간에서 소리 내어 울든, 나를 이해 해줄 대상 앞에서 흐느끼든 우는 시간을 만드세요.
엉겨 붙은 감정이 뻥 뚫리고 시원해 지면서 강인하고 쿨할 준비가 될 테니까요.

2) 30분 동안 울어야 할 울음을 20분 만에 그치지 마세요

"울라고 해서 우는데 너무 우는 거 같아요. 그냥 매일 이렇게 계속 울어도 되나요?" 이렇게 말씀하시는 분들도 계십니다.

오랜 상처를 늦게서야 치유하는 경우, 소중한 존재와 사별한 경우 등 우리 삶에는 좀 특수하고 특별한 일들이 있습니다.

헤어 나오지 못할 것만 같은 아픔과 충격에 미리 겁이나서 이렇게 내 맡길 것이 아니라 자꾸 힘을 내고 털어 버리고 앞을 향해 가야 하는 거 아닌가 싶습니다.

물론 한 편으로 이런 마음도 좋습니다. 기분 전환을 하거나 일상을 건강하게 살아내는 것도 매우 중요하니까요.

그런데 두 가지 마음을 그냥 다 지니고 마음의 흐름에 따라 왔다 갔다 하세요.

방금 전 까지 울었다가 언제 그랬냐는 듯이 영화를 보며 깔깔거릴 수도 있고 다 이해할 거 같았다가 갑자기 다시 서러워 미칠 거 같을 수 있습니다.

이랬다 저랬다 하는 자신을 재단 하지 말고 그냥 이랬다 저랬다 하세요. 다 괜찮습니다.

내 머리보다 더 깊은 곳이 아는 진실들이 있으니까요. 다 해방 시키면 좋겠습니다. 주변에서 이상하게 보면 나 이래도 괜찮다고 오히려 안심 시켜 주십시오.

엘리자베스 퀴블러 로스의 책 〈상실수업〉에 나오는 글귀 '30분 동안 울어야 할 울음을 20분 만에 그치지 마라' 제가 정말 좋아하는 문장인데요, 책의 한 부분을 옮겨 나누고 싶습니다.

"사람들은 한 번 울면 결코 멈출 수 없을 거라는 두려움 때문에 우는 것을 피하려 한다. 하지만 이것을 알라. 정작 피해야만 하는 일은, 쏟아내어야 할 눈물이 충분히 빠져나오기 전에 울음을 억지로 멈춰버리는 것이다. 흘리지 못한 눈물은 슬픔의 샘을 훨씬 더 깊게 채운다. 30분 동안 울어야 할 울음을 20분 만에 그치지 말라. 눈물이 전부 빠져나오게 두라. 그러면 스스로 멈출 것이다. 마지막 눈물 한 방울까지 흘리고 나면 기분이 홀가분할 것이다."[1]

억지스럽게 재단하면 오히려 꼭 걸려 넘어집니다.
모든 상태를 평등하게 바라보고 평가 없이 자연스럽게 내버려 둘 때 오히려 자신을 통제하기가 더 좋습니다. 자신의 흐름을 그냥 가만히 바라보세요.

눈물이 계속 나오면 멈추지 마세요.
내버려 두고 자신을 보듬어 주세요.
보살펴 주세요.

1. 엘리자베스 퀴블러 로스 * 데이비드 케슬러 지음, 김소향 옮김 [상실 수업], 인픽투스, 2014, P71.

3.
우울하고 무기력해요, 사는 이유를 모르겠어요

우울과 무기력의 원인은 굉장히 다양한 경로로 찾아옵니다. 바꿔나가는 방법도 사람마다, 상황마다 다양한 방식으로 접근할 수 있구요. 감기 같다는 표현도 있듯이 살다보면 원치않는 실망과 상실, 컨디션 난조 등으로 우울감을 느낄 수 있고, 오히려 우울감을 느낄 줄 아는 것이 성숙함의 한 표현이기도 합니다. 많은 예술가들, 혁신가들은 오히려 자주 우울감을 느끼기도 합니다. 혼돈스러운 마음과 우울한 감정으로 한 시절 아무것도 하기 싫을 수 있고 오히려 과로를 멈춰야만 한다고 알려주기 위해 무기력한 감정이 찾아오기도 합니다. 단지 많은 분들을 코칭하다보면 우울과 무기력이 장기화되거나 만성화된 경우가 있습니다.

환경과 상황이 장기화 되었든 우울과 무기력을 다루는 방법을 몰라서 만성화 되었든 부정적 감정이 오래 지속되었다면 좀 더 세심하고 전문적으로 다가갈 필요가 있습니다.

최근 고객님의 경우도 그렇고, 그 동안 통계적으로 살펴보면 장기화된 만성 우울은 반드시 병원에 가보시는 것을 추천합니다. 장기화된 부정적 감정은 어쩔 수 없이 뇌 손상을 일으킵니다.

감정을 느끼도록 하는 일부터 감정으로 발생하는 호르몬 및 현상들은 모두 뇌 세포들이 하는 일인데 한 가지 현상이 장기화 되었다면 뇌 세포에도 문제가 발생하게 됩니다. 따라서 약물 및 의학 기술을 활용한 치료가 동반되어야 할 경우가 많습니다.

1) 나를 사랑해주고 믿어주고 지지해 줄 사람들과 연결되세요

우울과 무기력을 강력하게 호소하는 분들의 공통점은 외로움, 고립감, 단절감에 크게 노출되었었다는 겁니다. 사랑하는 가족들과 오래 떨어져 있었다거나, 나를 지지해주고 무조건적으로 인정해주는 인간관계가 거의 없었다거나, 모함과 괴롭힘을 오래 당했던 경우들이 많습니다.

우리 생명은 사실 단독으로는 결코 살아 남을 수가 없습니다. 그리고 이미 우린 물리학적으로나 생물학적으로나 뇌과학적으로나 완전히 하나임이 연구되고 밝혀지고 있습니다.

개별적으로 분리된 인지와 감각으로 개체로서 존재하는 지각도 있지만 그 지각이 완전히 사라지면 우린 철저하게 하나로 연결되어 있다고 느낍니다.

우리의 연결이 진실이고 이를 사랑과 지지로 확인할 때 인간은 살 이유가 이유 없이 생깁니다.

우리의 연결을 충만히 느낄 때 우울감과 무기력은 완전히 사라지고 그냥 살고 싶어집니다.

조건부로 사랑하고 미워하고 경쟁하고 혐오하면, 무관심하고 무시하면 이 상태는 함께 있어도 고립이자 단절입니다. 겁 먹고 위축된 상태는 고립입니다.

따라서 서로를 사랑하고 믿어주고 지지해줄 사람들과 연결되어야 합니다.

가족, 친구, 동료들 사이에서 이런 관계가 만들어지지 않는 안타까운 상황이라면 반드시 새로운 관계를 발굴해야 합니다.

악착같이 발굴해야 합니다.

2) 아무것도 억지로 하지 말고 내 마음이 시키는 즐거운 일만 하세요

세상은 시대마다 생존에 유리한 획일화된 방법론들이 있습니다. 보통 이렇게 살아가는 것이 좋더라며 일반화 시킨 제시들도 있고 계급과 경쟁 구도에서 이기심과 욕심이 만든 차별적이거나 과잉적인 방법론들도 있습니다.

이로 인해 다양한 개성이 자기답게 살아 숨쉬기 보다는 자신에게 맞지 않는 혹은 차별적인 삶의 방식을 살게 되곤 합니다.

스스로 설득되지 않았지만 억지로 하기 싫은 일들을 해야 할 경우들이 자주 찾아 옵니다.

물론 건강한 개인이 되기 위해서도 사회적 동물로서 잘 어울리기 위해서도 의무와 책임을 다하거나 참고 인내할 일들도 있습니다만 우울감과 무기력이 만성화 되었다면 특히 한 동안은 아무것도 억지로 하지 마세요. 이러한 상황들을 변경하세요.

고객님들을 만나다 보면 혼자만의 생각과 방법으로는 도대체 출구가 없다고 느껴지기도 하는 거 같습니다. 상담사나 코치를 찾든 병원을 찾든 인생 멘토를 찾든 반드시 그 동안의 억압된 삶의 패턴에서 꼭 출구를 찾으셔야 합니다.

뇌는 손상되어 있고 감정 상태도 부정적인 상황에서 끝없이 누군가의 강요에 따라가거나 하기 싫은 일을 억지로 해야 한다면 반드시 상태는 악화됩니다.

세상이 뭐라하든, 대다수가 한 곳을 향해 가더라도, 지금은 아무것도 눈치 보지 않고 내 마음이 조금이라도 편안하고 기쁜 쪽으로 가야합니다.

내가 좋은 것부터 찾고 그 요구에 세심하게 관심을 기울여줘야 합니다.

우선 살고 봐야 합니다.

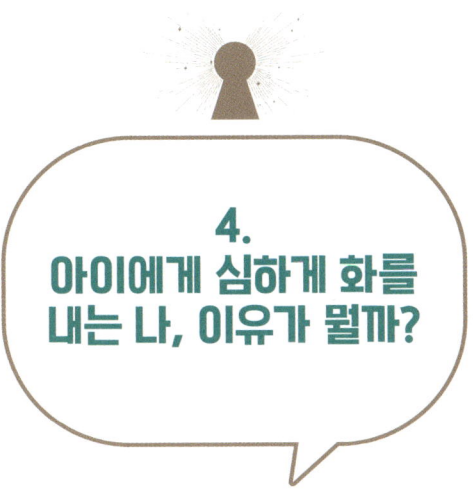

4. 아이에게 심하게 화를 내는 나, 이유가 뭘까?

마음 속에 화가 억눌려져 있는 사람들이 많습니다. 유독 한국에만 있는 표현이 화병이라고 하죠.

사람들은 자신의 화에 대해 알기도 하고 모르기도 합니다. 자신의 분노, 화에 있어 누군가를 원망하거나 탓을 하기 쉽습니다. 원인을 어렴풋이 느끼면서도 잘 정리해내지 못하거나 그 중요성을 잘 모릅니다. 정확한 파악을 위해선 전문가도 필요하고 세심한 시간과 공간도 확보해야 합니다.

보통 스스로 제어하지 못하고 폭발하는 화의 경우는 만만한 사람을 먼저 공략합니다.

사회생활에서 체면이 있고 이미지 관리도 해야하니 적당히 가면도 쓰고 좋은 사람으로 포장하며 지냅니다. 그러나 해결되지 않은 부정적 감정은 해결이 될 때까지 우리 안에 가스를 뿜으며 돌아다닙니다. 그리고는 이미지 관리 안해도 되는 사람, 나를 불리하게 만들지 않을 약한 존재에게 쏟아내며 가스를 방출합니다. 당연히 시원하겠죠. 그냥 일시적으로만 시원합니다. 실제 그 감정에 대한 분석과 파악 없이 근본적인 해결은 되지 않으니까요. 부정적 감정을 스스로 다루는 법을 배우지 않았다면 결국 해결되지 않은 감정과 부패한 가스를 배출 할 쓰레기통이 필요합니다.

어른들에게는 보통 자녀들이 쓰레기통이 됩니다.
아무리 사랑한다고 한들, 자신들의 해결되지 않은 감정에 사로잡히면 자신이 살아야 하기 때문에 아직 어려서 힘이 없는 자식, 자신의 소유물 같은 자식을 쓰레기통으로 만듭니다.
감정적인 의존을 격하게 하는거죠.

쓰레기통, 너무 과한 표현인가요?
맞습니다, 의식적으로 의도하진 않았으니까요.

그래서 부모님들은 자식에게 화를 쏟아낼 명분, 꼬투리, 이유들이 다 있습니다. 그 아이가 잘 못했기 때문에, 아이를 잘 훈육하기 위해 화를 낸거라고요.

거두절미하고 자신의 아이에게 화를 내는 것을 멈추고 싶다면 우선 이 2가지 부터 실행하세요.

1) 상처 받은 내면아이를 치유하세요

"당신의 내면아이를 치유한다는 것은 당신의 발달 단계로 되돌아가서 '미해결된 과제'들을 끝내는 작업이다. 과거에 무시당하고 상처 받은 내면아이가 바로 사람들이 겪는 모든 불행의 가장 큰 원인이라고 믿는다."[2]

저의 코칭 사례를 보면 아이가 장난감을 사달라고 하면 버럭 화내는 아빠가 있습니다. 장난감 구입을 절제 시키거나 꼭 필요한 것을 고르게 하는 건강한 안내가 아니라 장난감을 사달라는 아이에게 무섭게 화를 냅니다.

---

2. John Bradshaw 지음, 오제은 옮김 [상처받은 내면아이 치유], 학지사, 2011, P98, p31.

"왜 자꾸 쓸데 없이 장난감을 사려고 하냐", "장난감이 얼만 줄 아냐", "지난번 장난감은 가지고 노냐", "또 사냐" 하면서 아이를 비난하고 억압하는 사례인데요.

잘 파헤쳐 보면 이 아빠에게 어릴 적 자신의 아버지가 자신을 그렇게 대했었다는 개인사가 있습니다.

아이가 울기만 하면 매우 불같이 화를 내는 엄마가 있습니다.
"당장 뚝 그치지 못해?", "어디서 울어?", "뭘 잘했다고 울어?" 라며 소리를 지릅니다. 결국 이 또한 엄마 자신이 어릴 적에 자신의 어머니가 자신에게 했던 표현들입니다.
우는 것은 절대 있어서는 안되는 것, 우는 것은 아주 나쁜 것이라는 인식으로 자랐고 사실은 엉엉 울어도 보고 싶고, 땡강도 부려보고 싶었지만 자신의 엄마는 받아주지 않았죠.
그대로 자신의 아이에게 하고 있는 겁니다.

결론적으로 우리가 어릴 적에 받았던 상처, 서러움, 속상함이 다 큰 어른이 되어서도 사라지지 않고 마음 안에 숨어 있다가 유사한 상황이 발생하면 지금의 자신을 흔들며 튀어나옵니다.

나는 편하게 장난감을 사본 적이 없는데, 우리 엄마는 나의 울음을 받아 준 적이 없는데, 감히 우리 아이는 편하게 장난감을 사고, 울어도 달램을 받는다니 너무 질투가 나고 괘씸합니다. 머리는 그렇게 생각하고 있지 않더라도 행동이 그렇게 나갑니다.

오래되었더라도 해결되지 않은 부정적 감정은 내 마음 속에 그대로 남아서 여전히 겁먹고 화가 나 있는데 이 아이들을 다시 만나 풀어 주는 과정을 〈내면아이 치유〉라고 합니다.

다 지난 일이니까 잊고 앞만 보고 가자고 생각하지만 감정의 응어리는 그렇지 않습니다. 과거의 한을 풀어달라고 지금의 나를 건드립니다. 결국 앞만 보고 가려는 노력이 자식에게 터지는 거죠.

아직 내 안에서 울고 있는 당시의 나를 외면하지 않고 지금의 나와 통합 시키는 것. 모른 척 하고 분리 시키지 않고 알아주는 것, 이것이 오히려 앞만 보고 가도록 도와줍니다. 애꿎게 자식을 괴롭히지 않게 됩니다.

도대체 이렇게까지 해야 되냐고 묻는다면 '그렇습니다' 입니다.

우리 인간은 생각보다 여리고 섬세해서 몸은 다 큰 어른이 되어서도 마음은 어린 시절의 응어리 따위로 가스를 배출하고 지금이라도 자신의 속상한 마음을 풀어 보고자 자신도 모르게 약자나 편한 사람을 함부로 대하게 됩니다.

그러니까 작정하고 〈내면아이 치유〉과정을 진행하시길 바랍니다. 전문가와 함께든 책을 통해서든 과거의 울고 있는 나를 구해주세요.

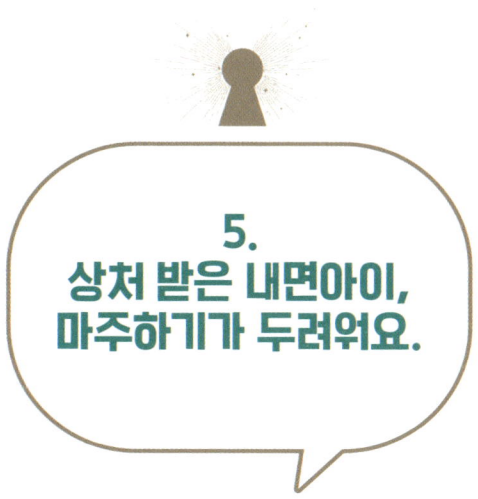

5.
상처 받은 내면아이, 마주하기가 두려워요.

 엉키고 설킨 실타래가 복잡하게 느껴지고 어쩜 지금 이렇게 사는 것도 그렇게 나빠 보이지 않는다면 "굳이 이런 과정을 해야할까요?"라고 묻는 분들이 계십니다.

행여 과거를 자세히 들여다보고 나의 마음을 풀어 주는 과정에서 오히려 지금까지 구축해놓은 성과, 이 만큼 이라도 유지되는 행복이 무너지는 건 아닐까 염려하십니다.

나의 과거 슬픔을 치유한답시고 다가갔다가 폭풍 오열하고 쓰러져 버릴까 염려됩니다.

모든 것을 부정하고 버려버리고 싶어지면 어떡하지 걱정됩니다.

심리를 깊이 다루거나 세심하게 만지는 과정이 경쟁에서 밀리거나 다른 사람 보다 뒤쳐지는 거 같기도 합니다.

아프고 속상한 개인사 속에서 만들어진 복수심, 분노, 증명 욕구 등이 삶의 의욕으로 느껴지기도 합니다. 상처로 만들어진 분노가 오히려 나의 힘이고 '보란 듯이 성공해서 콧대를 납작하게 해주겠어' 라는 투지가 삶을 지탱하는 것 같고 나를 성실하게 만드는 것 같습니다.

삶이란 힘을 내고 애쓰고 노력해야 간신히 먹고 살고 남들에게 무시 당하지 않을텐데, 상처, 아픔을 들여다보며 슬퍼진다면 나약해지는 것이고 결국 열심히 살아내야 하는 동력, 집념들이 흐려지면서 결국 내 인생은 실패하는 거 아닐까 생각합니다.

 우리의 자아는 그 동안 이리 저리 영향 받고 반응하며 형성된 성격, 바람, 취향 등이 지켜야 할 나 자신 같습니다. 나의 선택과 무관하게 태어난 나의 환경으로부터 길러지고 살아지면서 학습되는 과정에서 삶을 바라보는 사고방식들이 만들어집니다.

내가 누군지 구체적으로 물으면 잘 모르겠지만 뭔가 고집 부리고 집착하는 내가 있습니다.

반드시 이러고야 말아야 할 거 같습니다. 꼭 이렇게 되어야만 합니다. 이걸 버리면 절대 안될 거 같습니다. 이것으로 승부를 내는 쾌감을 봐야 할 거 같습니다.

이 자기 증명을 해내지 못한다면, 이기지 못한다면 죽는 것과 같은 공포와 분노를 느낍니다.

이기고 지는 싸움으로 인생을 봅니다.

이로 인한 고통이 외부에서는 너무 잘 보입니다.
보통 관계에 부정적인 영향을 줍니다.
그런데도 얼마나 사로잡혀 집중을 하는지 우린 어떤 면에서 참 강인하고 질기기도 합니다.

우리 자아는 결국 그렇게 내가 옳아야 한다는 것에 빠져 있습니다만 사실 이는 행복과는 거리가 멉니다. 그리고 이런 어른들의 모습은 우리의 자녀와 새생명들에게 고스란히 전해집니다.
자신의 상처나 응어리에서 시작된 나의 고집과 집착으로 아이들을 훈육합니다. 일말의 의심도 없이 너무나 당연한 관점으로 여기기에 아주 단호하게 강요합니다.
대부분의 자녀들은 너무 답답하고 고통스럽습니다. 여기서 또 상처를 받고 영향 받고 반응하면서 자신을 만들어 가는데 이것이 또 지켜야 할 자아가 됩니다.

자유롭고 자연스럽게 사랑과 축복을 누리며 '나' 다운 개성으로 나만의 삶을 만들어 가는 것에서 진작 벗어나 결국 이기고 지는 싸움으로 삶에 임합니다.
결코 엄마처럼 안 살거야, 절대로 아빠가 하라는 대로 안 할거야.

이 모습은 정작 누구일까요? 이것이 나라는 존재인가요? 이게 맞을까요?

길다면 긴 100년이라는 인생을 좀 다른 방식으로 살아 보길 제안합니다. 아직 몰라 의심스러운 조금 다른 차원의 행복이 분명 존재합니다.

코치로서 많은분들과 내면아이 치유를 해본 결과 막상 진행하면 과거의 속상한 지점을 봤다고 현재 삶을 흔들어 놓거나, 어느 정도 이룬 성과가 무너지거나 경쟁에서 도태되고 나약해지지 않습니다. 심리, 내면이라는 무형의 에너지를 다룸으로써 오히려 강력하게 외관이 긍정적으로 변화됩니다.

외부에 반응하느라 만들어진 나의 고집, 왜곡된 성격들이 힘이 빠지고 진정한 내 모습이 나옵니다. 건강하고 싱싱한 힘이 나오기 때문에 무너지고 나약해지는 것이 아니라 독기가 빠진 순수한 열정으로 교체됩니다. 거짓 자아가 진정한 자아로 거듭납니다.

따라서 실질적으로 이직, 이혼, 결혼, 이민, 새로운 공부 등 커다란 결정과 외적 전환이 따라오는 편인데 이는 결코 그 동안 이룬 것이 무너지는 것은 아닙니다. 오히려 더욱 '나' 다운 소망으로 나아가는 것이지요. 내적으로 스스로 설득된 주도적인 과정입니다. 원해서 변해 가는 것이니까요.

분노와 복수심 등을 동력으로 자기 증명을 하려는 나를 내려놓고 진정 내 소망과 관심사들로 재탄생 되는 평온한 정체성은 적정한 온도의 내적 동기와 열정으로 삶을 소중하게 가꿔가게 됩니다.
이를 악물고 애쓰지 않는데 많은 것들이 일어나고 창조됩니다.

따라서 하나도 두려워하지 말고 상처 받은 내면아이부터 보살펴 주세요.
구전을 떠도는 한 맺힌 귀신 마냥 내 안에서 계속 맴돌고 있는 속상한 아이들을 만나 한을 풀어주면 현재의 내가 달라집니다.

가벼워진 지금의 나는 어제와 다른 생각을 하게 됩니다.
전혀 다른 판단과 선택을 하게 됩니다.

1) 아무것도 겁내지 마세요

뿌리가 썩으면 결국 식물은 죽습니다. 부실한 땅에 건물을 지으면 건물은 무너집니다.
아무리 늦은 거 같고 너무 복잡해 보여서 피하고 싶어도 뿌리와 기반을 튼튼하게 하지 않고는 현재도 미래도 없습니다.
꾸역꾸역 살아갈 수 있고, 아프지만 죽지 않고 살아갈 수도 있겠죠.
그렇지만 그렇게 끌려가듯 사는 삶보다 뿌리를 튼튼하게 하는 작업을 진행하고 내가 주관을 갖고 힘 있게 살아가는 삶은 그 맛이 다릅니다.

두렵다는 마음에 적당히 살려고 하지 마시길 바랍니다.
시간을 내서, 더 중요하고 더 급하다고 여겨지는 것들을 잠시 멈추고 뿌리와 기반을 위한 시간을 가져보세요. 생명의 뿌리와 기반을 튼튼하게 하는 첫 단계로 상처 받은 내면아이를 치유하는 것도 피하지 마세요. 지금의 당신을 만든 과거를 점검하는 것. 그 맥락을 이해하고 지금의 나를 파악하고 미래의 나를 구상하는 것.
살아지는 대로 마구마구 살기보다 차근차근 짚어보고 골똘히 생각도 하면서 삶을 만들어 나가시길 바랍니다.

2) 전문가의 도움을 받으세요

아무래도 혼자서는 어떤 체계와 기준도 없고 막막할 수 있습니다. 존 브래드 쇼의 〈상처받은 내면아이 치유〉라는 책을 우선 추천합니다. 3)

전문서 이지만 참 잘 와 닿게 쓰여졌습니다.

그럼에도 사람과 사람 사이의 공감과 위로, 안심과 확인의 든든함을 느끼면서, 충격을 좀 완화하면서 과거를 돌아보시고자 한다면 심리 상담사, 내면아이 치유 코치 등 전문가와 함께 하시면 좋습니다.

요즘은 가까운 곳에 심리 코칭, 감정 코칭 전문가들이 많이 등장하고 있습니다.

적극적으로 정보도 찾아보시고, 저에게도 문의하세요.

---

3. John Bradshaw 지음, 오제은 옮김 [상처받은 내면아이 치유], 학지사, 2024.

6. 트라우마, 없앨 수 없을까?

이런 질문을 받았습니다.

"도대체 트라우마라는 걸 없앨 순 없는 건가요?"

그래서 제가 그러면 기억상실이 되셔야 하는데 그건 불가능하고 그래서도 안된다고 말씀드렸죠.

그것보다는 트라우마를 다루는 방법과 힘을 찾아야 합니다.

트라우마란 정신이든 신체든 심각한 충격으로 인해 상처를 입는 것을 말합니다.

물론 저는 마음을 다루는 사람이니까 정신적 충격과 상처에 관해 다루고 있는 것이구요.
보통 외상 후 스트레스 장애(PTSD) 라는 것은 일상에서 과거 사건과 충격을 재 경험하면서 또 다시 고통을 느끼는 질환입니다.

저의 코칭 고객님들도 대부분 작고 큰 상처를 많이 갖고 계십니다.
삶이란 그런 것이기도 하죠. 여러모로 살기 좋아진 현재는 전쟁과 가난 같은 강도 높은 충격과 공포보다는 스몰 트라우마의 누적이 일반적입니다.

유능한 생존력을 발휘해야 하는 비교 경쟁 중심의 사회 분위기, 이로 인한 양육과 교육환경, 사회생활로 인해 만들어진 인간관계성 트라우마가 지배적입니다.

저는 현대는 관계가 폭격인 시대 라고도 비유합니다.
눈 앞에 폭탄이 떨어지고 실제적인 총, 칼이 위협하는 것이 아니라 상대를 비하하거나 비난하는 말이나 태도, 차가운 눈초리와 무관심 등 대상을 향한 태도가 폭탄이고 총칼이 되었습니다.
정서적 공감과 따뜻한 말 한마디, 함께 하려는 배려와 기다림 대신 내 안위, 내 조급함, 내 욕심으로 상대를 배제하거나 손가락질 하는 삭막한 현실이 모두에게 깊은 상처를 남기고 트라우마가 됩니다.

1) 트라우마성 기억들을 떠올리고 공포, 억울함, 응어리를 푸는 작업을 하세요

　당시 충격받고 상처 받았던 자신을 만나러 가야합니다.
미처 해결하지 못한 감정, 잘 대응하지 못한 후회 등을 다시 잘 정리하고 지금이라도 풀어내야 합니다.
충분히 보살피고 치료 받았어야 했지만 방치하거나 적당히 무마하고 앞만 보고 온 자신 안에 숨겨진 두려움, 후회, 속상함 등을 다시 하나하나 만져줘야 합니다. 단순한 넋두리를 떠나서 진심으로 당시의 영혼에게 말을 걸고 현재의 나와 통합 시켜야 합니다.

반복해서 말씀드리지만 내면아이 치유 과정이 정말 중요합니다.
많은 분들이 아직 이 과정의 중요성을 잘 모릅니다. 따라서 40살이 되고, 50살이 되어서도 아직 내 안에서 울고 있는 어린시절의 내가 예상치 못한 순간 튀어나와서 자신도 이해하지 못하는 행동을 하게 됩니다.

물론 성인이 되어서도 충격과 상처를 겪을 수 있고 이 자아 또한 세심하게 다뤄줘야 합니다.

'이 정도 일로 나약하게 왜 그래' '기억하기 싫으니까 대충 털고 나아가자' 이렇게 다루면 안됩니다.

반드시 언제든 부활하고 재 경험되며 같은 충격을 반복하고 싶지 않아 과거의 자신을 알아달라고 과격한 방식으로 소리칩니다.

2) 트라우마에 갇혀 형성된 왜곡된 세계관을 교정하고 새로운 자신의 모습을 도전하고 시도하세요

과거 충격과 상처로 만들어진 시선으로 세상을 틀에 가두고 바라보고 있지는 않은지 살펴야 합니다.

과거 어떤 사건이 나를 놀라게 하고 아프게 했다 한들 이 또한 세상과 삶의 일부분, 부분적 경험일 뿐입니다.

세상과 사람들이 반드시 내가 경험한 모습만은 아닙니다. 다른 면과 다양한 풍경들이 당연히 존재합니다. 그리고 당시의 나와 지금의 나를 비교해 보십시오. 분명 달라진 것이 있을 겁니다.

당시의 나보다 지금의 나는 힘이 생겼고 강해졌을 수도 있고 깨달은 것도 있을 수 있습니다.

주변에 좋은 사람들도 많고 해결된 문제들도 많이 있을 수 있습니다.

그것을 발견해내고 지금의 새로운 내가 새로운 세상을 발굴하며 새로운 경험, 행동들을 도전하고 시도 해야합니다.
적극적으로 이런 다짐을 할 필요가 있고 도움도 받아야 합니다.
그렇게 세상은 넓어지고 자신은 커집니다.

트라우마를 전문적으로 이해하고 적극적으로 다루시길 바랍니다.
자신을 귀하고 대견하게 여기며 차근차근 성장해 나가시길 바랍니다.

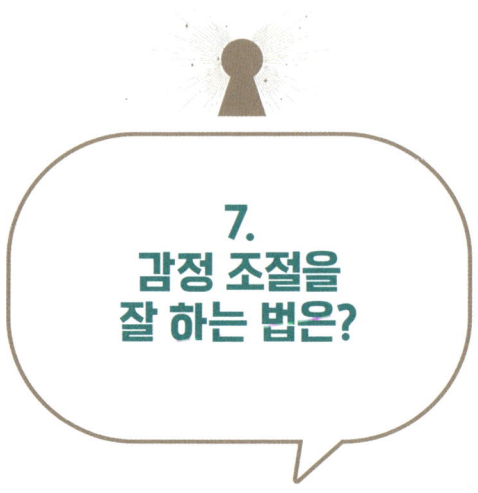

7. 감정 조절을 잘 하는 법은?

　우리가 그 동안 감정을 다루는 법, 사람과 나를 이해하는 법 이런 것들은 잘 배우지 않았기에 대부분의 사람들이 숙지하면 좋을 배경지식 없이 자신을 경험하다가 좌절하고 스스로를 부족하다고 여깁니다.

매일 부족한 자신을 혼내다가 결국 '어쩌라고, 배째라고'로 빠지거나 숨어버립니다.
그래도 최근 들어 감정코칭, 마음공부, 나 사용법 알기 등의 주제가 많이 수면 위로 올라와서 참으로 다행입니다.

저의 고객님들도 모두 자신의 감정에 당황해서 위축감을 많이 느낍니다. 성질을 드러내는 타입이든 감추는 타입이든 모두 스스로를 한심하게 여기죠.

사실 감정은 그냥 뇌가 하는 일일 뿐이며 우린 그걸 잘 바라보고 해석해서 우리 삶을 유익하고 행복하게 만들어 가면 되는 것인데 우린 이놈의 감정이 요란하고 거추장스럽고 쓸모 없게만 느껴집니다.

그런데 이런 관점 자체가 교정되어야 합니다.

감정은 나쁜 것이 아닙니다. 좀 휘둘려도 되기도 하고요.

인간이 감정 동물이라는 걸 인정하고 수용하면 오히려 조절이 잘 될 텐데 감정이 싫으니 통제해야 한다고 생각하고 억누르려고만 합니다. 억누르다 보니 더 휘둘리고 사태는 눈덩이처럼 커져만 가는 것 처럼 보입니다.

운전을 잘 하려면 앞을 제대로 응시하고 바른 자세로 운전대를 잘 잡아야 하는 것과 같이 감정 조절도 외면하고 부정하는 것이 아니라 잘 바라보고 자세를 잘 잡고 운전을 해야합니다.

불안을 나쁜 것으로 여기기에 대부분은 불안을 불안해 합니다.
분노를 나쁜 것으로 여기기에 분노를 억누르다가 터져버립니다.
외면하고 부정하지 않고 제대로 응시하려면 불안을, 분노를 나쁜 것으로 여기면 안됩니다.

1) 감정을 알아차리고 그냥 내버려 두세요

 일단 감정이 휘몰아치는 그 순간에는 내가 휘몰아치고 있구나를 바라보며 알아차리는 것이 먼저입니다. 그리고 그 상태를 큰일 날 것처럼 여기지 말고 그냥 그렇구나 하고 내버려 두세요.
불안해 한다는 게 느껴지면 내가 지금 불안하구나, 우울하면 내가 지금 우울하구나, 화가나면 내가 지금 화가 나는구나 하고 천연덕스럽고 태평하게 속으로 읊으세요.

불안, 우울, 화를 해결하려고 하지 마세요.
이 느낌이 싫으니까 아닌 쪽으로 도망을 가려고 한다거나 아닌 척 한다거나 급속도로 기분 전환을 하려고 하지 마세요. 어떡하지 어떡하지 하는 말이나 생각도 습관입니다. 당황하지 마세요.

좀 불안해도, 우울해도, 화가 나도 우린 그냥 있을 수도 있고 살 수도 있습니다. 도대체 무슨 감정인지 정확히는 모르겠지만 불편하고 답답해도 마찬가지입니다.
내가 지금 상태가 긍정적이지 않구나, 내가 답답하구나 하고 그냥 있는 겁니다. 불편하고 답답한 대로 그냥 있는 겁니다.

왜 이런 감정이 일어나지? 왜 또 이러지? 이러면 안되는데, 이러면 안되는가 아냐, 이런 감정은 나쁜 거라고 했는데 등 제지하며 저항할 때, 그래서 빠르게 해결하고 해소해야 한다고 믿을 때 결국 감정에 휘둘리게 됩니다. 어떻게 가만히 있을 수가 있냐고 생각하겠지만 이렇게 생각하고 있어보면 신기하게 됩니다. 그리고 점 점 더 잘 됩니다.

불안을 진정시키는 법에서도 말씀드린 90초의 법칙 기억하시나요? 90초만 무사히 견뎌도 몸을 긴장시키고 가슴을 두근거리게 하는 호르몬을 더 이상 나오지 않게 멈출 수 있으니 이 시간을 어떻게 보내볼까를 지혜롭게 궁리해보세요.

그냥 천연덕스럽게 '나 지금 화가 나는구나' 하고 내버려두면 몸은 비상 신호에 맞는 신경전달물질을 더 이상 분비 시키지 않습니다. 위험 상황이라고 판단하지 않기 때문에 뇌와 몸은 그냥 일상적인 상태로 돌아갑니다.

자라 보고 놀란 가슴 솥뚜껑 보고 놀라는 경우도 많으니, 가만히 살피면서 '자라 아니고 솥뚜껑 이잖아, 코르티솔 들어가'4) 이렇게 장난처럼만 읊어도 정말 신기하게 마음이 진정됩니다.

---

4. 코르티솔 : 위험하다고 판단 되는 상황에서 분비되는 스트레스 호르몬. 일상생활을 영위하는 데에도 기본적인 활동을 위해 일정량이 분비된다.

어떡하지 어떡하지, 이 기분 없애 버릴거야, 해결 할거야 하면 오히려 다음 통에서 호르몬을 또 분비 시키니까 격렬한 상태는 더 연장되거나 가속화 됩니다.

2) 감정을 정확하게 명명하고 어떤 욕구가 숨어 있었는지 찾아보세요

격렬했던 기분이 좀 가라앉고 나면 시간을 좀 보내고 나서 그 당시의 일을 떠올리세요.
'다시는 떠올리기 싫어' 라는 방식으로 지워버리지 마세요. 남아 있는 가스를 배출해야 합니다.
앞서서도 이야기 한 적이 있는데 이럴 때 가장 쉽고 유용한 방식이 글쓰기 입니다.

기분이 나빴다면 구체적으로 어떤 감정 때문이었을지 차분히 들여다 보고 적어보세요.
◆ 실망인가요? 창피함인가요? 무서웠나요? 당황했나요? 비참했나요? 미움인가요? 짜증인가요? 질투심인가요?

그리고 내가 실망했다면 그 이유는 어떤 욕구를 갖고 있었기 때문일까요?

- 어떤 바람, 욕망, 기대가 있었던 걸가요?
- 무서웠다면 난 무엇을 바랬기 때문에 무서웠을까요?

반드시 내 욕구, 기대가 숨어 있습니다.

사실 부정적 감정으로 만들어진 나쁜 에너지를 1차 소멸시키고 나면 그 사건에 얽매인 감정을 완전히 놓아버리는 것이 최종 목표입니다. 이렇게 일일이 뜯어보는 과정을 여러 차례 하다보면 어느덧 감정을 명명하고 욕구를 분석하는 과정을 생략하고도 바로바로 부정적 감정을 놓아버릴 힘도 좋아집니다. 어차피 뇌 세포들이 나 잘 살게 한답시고 하는 일이라는 것도 알게 되면 감정에 속지 않고, 겁내지 않고 순발력 있게 리셋 하려는 자각도 능숙해집니다.

그렇지만 우선은 자기 파악과 이해의 과정이 필요합니다.

이렇게 나 자신을 파악하고 이해함으로써 전두엽은 다음을 구상할 수 있습니다.

- 그렇다면 이 욕구와 기대를 충족시키려면 어떻게 해야할까?
- 어떤 결정과 행동이 필요할까?
- 지혜로운 변화란 뭘까?

이런 시간을 확보하고 골똘히 생각하고 적어보는 것을 머리 아프다고 치부하지 마시고 꼭 해내시길 바랍니다.

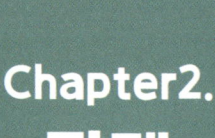

Chapter2.
관계

상처를 주고받는 사람들 사이에서

1. 대화를 잘 하려면?

    라이프 코칭 주제로 관계문제, 갈등의 괴로움은 비중이 상당히 높은 주제 중 하나입니다.

부모님과의 관계, 부부관계, 자녀와의 관계, 직장 동료들과의 관계, 친구들과의 관계, 사회에서 피할 수 없는 사람들과의 어울림 속에서 우린 작고 큰 어려움을 겪게 됩니다.
우린 서로 이해하고 사랑하며 더불어 살아가길 간절하게 바라면서도 문제를 어떻게 해결해야 할지 방법을 잘 몰라서 크게 싸우고 손절 하거나 관계에서 도망을 다니게 됩니다.

서로 상처 주지 않고 화내지 않으면서 대화하고 소통하고 싶다, 내가 하고 싶은 말을 잘 표현하고 싶다, 잘 거절하고 싶다, 긍정적이고 유쾌하게 이야기 나누고 싶다, 그러려면 어떻게 해야할까요? 라는 질문을 참 많이 받게 됩니다.

마침 저는 고객님들과 일대일로 긴밀하게 소통하면서 기분 좋게 자신을 발견하고 문제를 해결하며 원하는 바를 성취하도록 돕는 코치, 상담사 이다보니 그 누구보다 대화법, 소통법을 배우고 익히는 직업군입니다.

그래서 몇 년 전 부터는 [대화의 기술] 이라는 원데이 클래스도 오픈하여 운영하고 있습니다.

저 또한 관계 안에서 많은 어려움을 겪었었고 문제를 해결하고자 상담을 받거나 교육을 받은 경험이 있습니다. 결국 이러한 과정이 저를 코치, 상담사라는 직업으로 이끌었다고도 볼 수 있는데요. 코치로서 훈련한 코칭 철학과 코칭 기법을 일상에서도 활용하면서 가족 및 친구들과의 소통과 대화도 질이 좋아졌습니다.

1) 나의 사고방식과 컨디션부터 점검하세요

    대화를 잘 하는 방법은 겉으로 보여지는 몇 가지 기술만을 익힌다고 가능한 것은 아닙니다.
보통 대화를 잘 하고 싶다고 생각할 경우, 언변 능력이 좋아지면 되지 않을까 생각합니다만 대화는 일방적인 전달만이 아닌 상호적인 과정을 뜻합니다. 이해와 공감을 바탕으로 깊은 교감과 신뢰를 느낄때만이 관계의 개선과 만족으로 연결됩니다.

따라서 표현하는 방법, 말하는 기술을 배우고 익히기 전에 자신부터 돌아봐야 합니다.
내가 세상과 사람을 바라보는 관점, 사고방식이 대화의 근본적인 질을 결정하기 때문입니다.

그리고 나의 신체 컨디션, 마음의 건강 상태 또한 대화의 질을 결정합니다. 한 마디로 한 인간의 질이 대화의 질로 연결된다고 보시면 됩니다. 결국 대화를 잘 하기 위해 많은 말이 필요한 것이 아니라 건강한 사람 간의 따뜻한 눈빛과 존중감이 기본이 되어야 합니다.

그리고 이것으로 인해 관계는 달라집니다.

그렇다면 자신에게 질문을 하며 점검하는 시간을 가져봅시다.

대화에 임하려는 나의 사고방식과 요새 컨디션을 가만히 살펴보는 겁니다.

- 세상은 어떤 곳이라고 생각하나요?
- 인간은 어떤 존재인가요?
- 스스로를 어떻게 여기나요?
- 주로 느끼는 기분은 어떤가요?
- 아픈 곳은 없나요?

인간을 신뢰하는지, 세상을 위험하게 보고 있지는 않은지, 스스로에게 위축감이 큰 편인지, 항상 피곤한 상태인지, 불안도가 높은지 등 자신을 돌아보고 이해하는 시간부터 갖는 것을 제안합니다.

갈등의 중심에는 항상 불신, 혐오감, 자기비하, 고정관념, 편견, 우울과 무기력 등의 부정적 상태가 깔려있습니다.

반대로 내가 기분이 좋을 때, 내 일이 잘 풀리고 희망적일 때, 상대를 신뢰할 때 등 내 상태가 좋으면 대화와 관계도 긍정적이지 않았나요?

2) 지시형 대신 질문형으로 말을 하세요

　대화는 세계의 확장입니다.
내 세계에만 빠져있다면, 내 사연, 내 아픔, 내 걱정에만 빠져 있다면 다른 사람과 소통할 수 없습니다.

　나에게 당연한 것이 다른 사람에게는 당연하지 않은 경우도 많습니다. 프랑스인에게 당연한 것이 아프리카인에게 당연하지 않은 것과 같이 나의 당연함을 항상 경계해야 합니다.

위축감으로 눈치를 너무 보는 것이 배려라고 착각하는 경우도 많습니다. 상대가 나를 어떻게 평가할까에 너무 빠져있어도 대화는 불가능합니다.
자신만만한 사람이든 너무 위축된 사람이든 우선 대화를 하려면 자신의 세계에서 잠시 나와야 합니다. 상대의 세계에 호기심을 가져봐야 하고 겁나고 부담스러워도 상대의 세계를 엿보고자 하는 마음이 있어야 합니다.
이를 위해 표면으로 드러나는 기술을 간단하게 말씀드리면 무엇이든 질문형으로 말을 하는 것입니다.

당연히 약을 먹어야 한다고 생각하더라도 "약 먹어!" 라고 하지 말고 "약을 먹어보면 어때?"라고 굳이 질문 형태로 문장을 만드는 겁니다.

빠르게 나의 의견을 주고 싶더라도 "왜 그런 생각을 하게 되었어?" 라고 상대의 입장이나 사연을 좀 더 들으려고 해보세요.

어색한 상황에서 분위기를 띄우겠다고 아무 말이나 막 떠들지 말고 "주말에 뭐하셨어요?"
이런 방식으로 상대를 대화에 초대하세요.

싫든 좋든 그들에게 질문을 던지고 경청해보세요.
그러면 정말로 신기하게도 나의 예측을 벗어나는 기상천외한 이야기들이 나오기도 하고, 나 혼자 힘주며 막 떠들지 않아도 분위기는 밝아지고 상대는 자신의 이야기를 털어놓으면서 즐거워합니다.

그렇게 나의 고정관념은 깨지고 세계관은 확장됩니다.
이런 시도와 연습이 쌓여 가면서 타인과의 깊은 교감, 안정감, 소통의 재미라는 걸 점점 크게 경험하게 됩니다.

2. 상처 줄 까봐 걱정되고 불편해요.

고백을 받았는데 제 마음은 그렇지 않아서 너무 불편해요.
누가 나를 좋아하는 것이 불편해요.
나를 너무 힘들게 하는데 아무 말을 못하겠어요.
엄마가 저 때문에 속상해 하실까 봐 제가 원하는 걸 못하겠어요.

나를 좋아해도 걱정, 나를 힘들게 해도 걱정,
내가 누구를 아프게 해도 걱정.
참 아름다운 마음씨이긴 합니다.

그런 마음을 잠시 잠깐 갖고 말면 참 좋겠습니다만, 코칭 고객님들 중에는 이 부분이 지나쳐서 생활과 관계에 지장이 가는 분들이 계십니다.

인기 많은 훈남훈녀들이 '감사합니다' 하면서 자신의 인기를 좀 누리고 즐겨도 될 것을 안절부절 못하는 경우가 있습니다. 나는 그 만큼 그 사람을 좋아하지 않아서 미안하다고 합니다. 그래서 자꾸 자리를 피하고 먼저 못 본 척하느라 힘듭니다. 그냥 혼자 다니는 것이 편하다고 합니다. 사람 많은 장소에 가는 것이 점점 어려워집니다.

오래 잘 지내오는 친구나 동료, 선배나 연인이 자신에게 무언가를 강요하고 자꾸 이래라 저래라 조언 이랍시고 가르칩니다. 나를 존중하기보다 자신의 틀에 가두려고 합니다. 그런데 그러지 말라고 이야기를 못합니다. 왜냐면 그 사람이 나를 많이 좋아해 주기 때문입니다.

엄마나 아빠와 난 생각이 많이 다릅니다. 그래서 난 내 방식대로 뭔가를 해보고 싶은데 그럴 때마다 엄마, 아빠가 너무 속상해 하거나 절망을 하십니다. 그 모습을 볼 때마다 나도 가슴이 내려앉고 침울해집니다. 그래서 결국 내 선택을 접고 엄마, 아빠 마음을 편안하게 만들어 드립니다.

아름답고 착한 마음씨로 아무에게도 상처를 주지 않기 위해 노력하다가 이유 모를 불안, 불만, 짜증, 우울 및 공황 등으로 코치를 찾아옵니다. 그 부정적 상태의 기원을 함께 찾다 보니 도착한 곳이 나의 착한 마음씨 입니다.

1) 그들의 감정과 그들의 인생사에 자유를 주세요

나를 좋아하는 감정을 누리도록 자유를 주세요.
누군가에게는 짝사랑도 행복입니다. 고백해보는 경험이 도전이었을 수 있습니다. 그들의 희노애락, 인생 서사를 지지해 주세요. 그러니까 너무 미안해 하지 마세요.

좋아한다고 고백을 받고 거절 했더니 상대가 실망하고 괜히 삐지고 이런 것도 그들의 자유입니다. 그들의 권리입니다. 그냥 '그렇구나' 하고 분리하세요.

내가 그 사람 생각을 너무 깊이 하는 것도 한 편으로 월권입니다.
그 사람의 인생서사니까요.
피해 다니지도 마세요.

고백을 받고 좀 불편한 상황을 경험 하는구나 하고 스스로를 바라보세요. 그래도 날 싫어하는 것 보다는 낫지 하며 좋게 생각해보세요.

결론적으로 각자가 자신의 감정을 책임지는 겁니다.
좋아하고 실망하는 감정을 그가 책임지도록 놔두세요.
좀 당황스럽고 불편한 내 감정은 내가 책임 지세요.
가만히 바라보고 내버려 두는 것이 책임을 지는 것입니다.

자신의 생각을 강요하고 나를 틀에 가두려는 존재에게 나의 의사를 밝혀서 그 상대가 상처를 받는다면 그 상처 또한 그 사람이 책임지도록 놔두세요. 내가 내 이야기를 했을 뿐인데 상처를 받는다면 그 사람이 감당해야 하고 지나치게 상처를 받는다면 그 사람이 심리 상담을 받으러 가면 됩니다.
내가 대신 감당 해주거나 그 사람이 상처 받지 않도록 내가 망가져 가면서 노력할 필요가 없습니다.
그 사람이 나를 좋아한다구요? 당신은 아마 그 좋아한다는 말이 참 좋은가 봅니다. 나를 좋아한다는 그 말에 왜 그렇게 집중하는지 한 번 살펴보세요.

부모님도 마찬가지 입니다. 엄마의 실망, 아빠의 좌절을 그들이 겪고 그들이 감당하도록 내버려두세요.

분노의 경우 무섭게 느껴질 수 있지만 그 분노조차 그들이 해결해야 할 문제입니다.

내가 그들을 화나게 할 수는 없습니다. 그 분들이 그냥 화가 난 겁니다. 화를 가라 앉히든, 삭이든 그들이 방법을 찾도록 놔두세요. 그 분들 또한 그 분들의 인생사를 완성하고 있습니다.

그래도 부모인데, 애틋하고 소중할 수 있습니다. 욕심 많은 부모님의 마음도 이해가 가기도 하구요. 이런 총체적인 감정도 우선 스스로 잘 책임져보세요. 부모님이 속상해 하시면 마음이 안 좋지만 그래도 '내 인생은 내가 책임지고 살아야지' 생각하면서 씁쓸하고 답답한 마음을 가만히 바라보세요.

불편한 상황을 못 견뎌서, 갈등을 만들기 싫어서 무조건 부모님 뜻에 맞추지 마세요.

부모님이 스스로 자신의 감정과 인생을 책임지고, 나는 나의 감정과 인생을 스스로 책임지면서 시간을 갖고 지켜보세요.

2) 상처 주고 싶지 않은 마음은 자신이 상처 받고 싶지 않은 강력한 욕구임을 알아주세요

보통 "왜 그렇게 까지 상처를 주고 싶지 않느냐"고 물으면서 그 기원을 찾아내다보면 결국 자신의 사연과 만납니다. 자신이 상처를 받았을 때 너무나 힘들었던 거죠. 그 마음이 매사에 고스란히 투사됩니다.

물론 삶에서 상처를 받지 않고 살 수는 없습니다. 실망하고 좌절하고 기대에 어긋나는 등 삶은 항상 내 생각과 달라 속상한 일들의 연속이기도 합니다. 그런데 지나치게 상처 주지 않기 위해 고심하고 고생하는 분들은 당연히 과거의 상처 경험이 좀 큰 경우겠죠.

늘 말씀드리지만 미성년 시절의 경험들은 그 어느 때보다 내 몸과 마음에 크게 각인됩니다.

합리적이고 상식적인 판단으로 잘 넘어가지 못하고 감정에 많이 연연해하는 분들은 대부분 부모님으로부터의 상처가 매우 큽니다. 애착형성이 불안정했고 차가운 엄마, 무서운 아빠와 같이 충분한 교감과 공감을 경험하지 못했습니다.

학창 시절 교우 관계에서 크게 따돌림을 당하거나 배신을 당하는 경우에도 당연히 상처가 크겠죠?

사회로 갓 나간 성인 시절, 다수 앞에서 창피를 당했거나, 사랑의 상처를 크게 겪은 경우도 있습니다. 상처를 크게 받았다는 건 많이 무서웠고, 많이 외로웠고, 많이 자존심 상했고, 많이 수치스러웠을 수 있었다는 겁니다.

상상만 해도 너무 아픕니다.
혹 내가 거절하고, 누군가의 기대를 실망시킨다고 할 때, 그걸 당하는 사람의 감정이 곧 내 감정과 금방 동일시 되면서 너무 아픕니다. 그런데 한편으로는 모두가 나와 같지 않을 수도 있습니다. 내가 거절하거나 실망시켰을 때 나만큼 충격을 받지 않을 수도 있습니다.

앞서 말씀드린 데로 각자의 감정은 각자가 책임지도록 해요.
그리고 내가 상처 받는다는 것이 너무 아프다면 꼭 내 과거의 상처를 치유하는 작업을 하세요.
전문가와 함께 하든 셀프케어든 적당히 넘어가지 말고 지금이라도 만져주고 알아주고 애도해 주세요.

서로를 잘 분리한 다음에 다시 공감하고 교류하면 좋겠습니다.

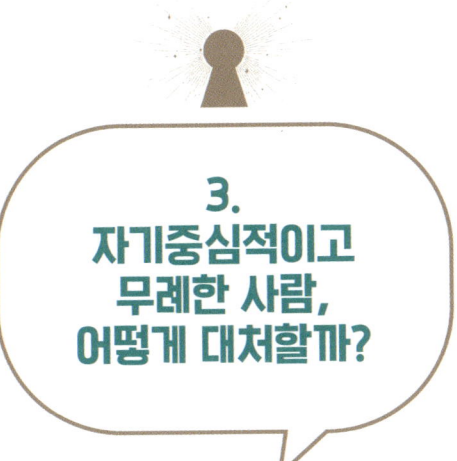

3. 자기중심적이고 무례한 사람, 어떻게 대처할까?

역시나 코칭 시 자주 등장하는 주제입니다.
우리는 불편한 상황에 처하면 우선 그 원인을 외부로부터 먼저 찾습니다.
왠지 나보다 저 사람이 문제 일거 같습니다.

각박하고 분주한 일상을 살아가는 현대인들은 좀 더 차갑고 예민해지고 있는 거 같기도 합니다. 자기 중심적이고 무례한 사람들로 인한 사건 사고가 좀 더 빈번해지는 거 같습니다.

모든 게 내 맘 같았으면 좋겠고, 서로 금방 마음이 맞아 의견이 일치하면 좋겠지만 절대 그럴리는 없겠지요. 만약 그렇다고 한다면 오히려 인간 세계에 문제가 더 많이 발생할 지도 모릅니다. 내 생각, 내 마음은 한정적이고 시야가 좁으니까요.

그렇다면 자라온 환경도 다르고 하는 일도 다르고 취향과 견해도 다른 무수한 사람들 사이에서 갈등을 줄이고 지혜로운 판단과 결정을 하려면 어떻게 해야할까요? 서로 다른 존재끼리 이해하고 사랑하며 잘 어울리는 방법이 뭘까요?

특히 자기 중심적이고 이기적이라고 느껴지는 행동, 상대에 대한 배려가 약하고 무례하다고 느껴지는 태도, 독단적으로 자신의 생각을 밀어붙이려는 사람들에게 특히 저항감이 크고 불쾌한 감정을 많이 느낍니다. 물론 이것은 자연스러운 현상이기는 합니다.

그런데 여기서는 강한 성격의 소유자들에게 유독 더 취약한 사람들에 관해 짚어보려고 합니다.
코칭을 진행하게 되면 강한 성격의 소유자로부터 큰 상처를 받은 고객님들을 많이 만납니다.
상처가 크니까 그 부분을 해결하고자 코칭을 신청하게 되었을 확률이 높을 겁니다.

강한 성격의 소유자들에게 취약한 분들의 경우 역시나 양육 환경과 학창 시절에 보통 그 원인이 있습니다.
성인이 된 후에라도 인간관계에서 데이트 폭력이든, 군대 사건이든 큰 공포를 겪었던 경험이 있습니다. 폭력과 학대에 노출 되면서 공포를 크게 느껴 본 사연이 있는 거죠.

이런 경우 자신이 받았던 충격과 상처가 너무 큰 나머지, 위축된 마음은 물론이고 나 만큼은 나쁜 사람이 되지 않을 거라는 다짐까지 강화되어 오히려 강한 성격의 사람들 앞에서 얼어붙는 현상이 생깁니다. 나는 나쁜 사람이 안 되어야 한다는 생각에 빠져 자신을 지켜 내지도 못하는 상황을 반복하게 됩니다. 강한 성격의 소유자 앞에만 서면 두려움과 저항이 크게 올라오면서 취약한 상태가 됩니다.

어린 시절 외로움을 많이 느꼈던 사람들도 자기중심적이고 무례한 사람들에게 끌려가곤 합니다. 부모님의 부재 혹은 부모님의 통제, 자신의 내향적이고 조용한 기질로 인해 교우 관계가 한정적이었을 경우 사람이 그립다 보니 자신에게 함부로 하는 나쁜 사람에게도 맞춰주면서 소심하게 굴 수 있습니다.

자신에게 불리하게 형성된 인간관계라 너무 괴로움에도 불구하고 이탈되거나 소외되는 것보다 낫다고 생각을 합니다.

다음으로는 스스로가 도덕적으로 옳고자 하는 신념이 강한 경우가 있습니다.

선하고 올바른 사람이어야만 한다, 원칙이라는 것이 있고 인간은 그것을 반드시 지켜야 한다 라는 기준이 강한 사람들이 자기 중심적이거나 무례한 사람들을 힘들어하고 갈등을 많이 일으키곤 합니다.

한 편으로는 자신도 자기 중심적이거나 무례할 수도 있는 거라 비슷한 에너지와 충돌이 나는 건데, 자신이 추구하는 것은 선이고 올바름이기에 당연히 강해도 된다고 믿고 있습니다.

예의 없고 이기적이고 욕심 많은 행동들은 당연히 비난 받아야 마땅하다고 여기기에 앞뒤 상황을 살피거나 들으려하지 않고 단죄하고 비판하려는 자신의 모습을 매우 정당하다고 여깁니다.

꽃으로도 때리지 말라는 말이 있듯이, 자신이 추구하는 것이 선하고 올바른 것이더라도 우월감에 빠져 누군가를 이해해보려 하지 않고 공격적으로 대한다면 이 또한 굉장히 자기 중심적이고 무례한 태도겠죠?

이 정도로 사연들을 정리해 보았습니다만,

자기중심적이고 무례한 사람들에게 어떻게 대처하면 좋을지 2가지 실행법 제시하겠습니다.

1) 자신의 과거를 돌아보고 상처를 치유하세요

지금 돌이켜보면 사소해 보이지만 당시의 나로선 상당히 무서웠던 경험이 있을 수 있습니다.
나르시시스트 같은 부류에게 이용 당하거나 가스라이팅 당했던 경험이 있을 수 있습니다.

심한 폭력의 트라우마, 외롭게 방치되었던 경험, 홀로 모든 것을 헤쳐 나갔어야 했던 버거움 등 나에게 아직 남아있을지 모를 과거의 슬프고 아픈 흔적을 꼭 살피고 치료해주세요.

과거의 어떤 사건과 경험에 갇혀 현재의 상황을 확대 해석하거나 과민 반응할 수 있습니다.
당시 강한 사람에게 무력하게 대처했던 자신의 모습을 지금이라도 보상하고 회복하고자 지금 눈 앞에 나타난 자기중심적이고 무례한 사람에게 강한 감정을 드러낼 수 있습니다.

건강한 누군가는 이기적이고 독단적인 사람들을 상대할 때 사로잡힌 감정으로 대응하지 않고 충분히 이성적으로 대처할 수도 있습니다.

유독 강한 사람들이 힘들고 강렬한 감정이 올라오거나 소심해진다면 반드시 자신의 과거를 돌아봐야 합니다.

다 지난 일이니까 앞만 보고 갈거야, 나약하게 굴지 말고 강해지자 이런 마음은 생각보다 도움이 안됩니다. 속이 방치되고 있으면 어떤 방식으로든 겉으로 티가 납니다.

2) 자기 중심적이고 독단적인 마음이 나에게도 있는지 살펴보세요

앞서 말했듯이 내가 추구하는 올바름, 원칙에 너무 빠져 있는 건 아닌지 살펴보세요. 나의 경험에서 나온 나의 신념을 너무 당연하다고 믿고 있는 건 아닌지 살펴보세요.
항상 내가 옳다는 결론이 나야 불안하지 않는 건 아닌지, 타인과 상황들을 다 내 방식대로 통제해야 안심을 하는 건 아닌지 생각해보세요.

'저 사람이 이기적이고 나쁜 사람이야' 라는 결론을 꼭 내야 하는 이유가 뭘까요? '저렇게 행동해선 절대 안돼' 라고 집착하는 이유가 뭘까요?

내가 너무 엄격한 건 아닐까? 혹시 난 나에게도 너무 엄격하게 구는 건 아닐까 생각해보세요.

세상에는 훌륭하고 아름다운 모습도 있지만 이기적이고 독단적인 모습도 공존합니다.

언제는 저것이 나일 수도 있고, 언제는 이것이 나일 수도 있죠. 우리는 부족하고 서툴고 착했다가 나빴다가 합니다.

물론 범죄나 사기도 있어서 심각할 때는 법적 처리도 필요합니다. 그런데 일상에서는 웬만하면 서로 좀 더 이해해보려고 하고 사랑해보려고 할 때, 서로의 나쁜 마음과 이기심이 교정되기도 합니다.

4.
짜증 나는 사람 때문에 힘들어요.

 동생, 언니, 엄마, 아빠, 남자친구, 여자친구, 아내, 남편 등 우린 가까운 관계에서 상당히 어려움을 겪습니다.
정말 코칭 중에 이렇게 말씀하십니다.
도대체 동생 하는 짓이 이해가 안가요. 자기 편한 대로만 하려고 해요. 남친이 무슨 생각으로 살고 있는지 모르겠어요. 아무 계획도 없어 보이고 너무 싫어요.

어떻게 몇 년을 이야기 해도 듣지를 않지요? 그거 하나 지켜달라는 게 그렇게 힘든가요?

네, 우선 그 답답한 마음, 짜증 그 자체는 공감합니다. 충분히 화 날 수 있어요.

우리 마음에서 느껴지는 모든 감정들은 아무 잘못이 없습니다. 그냥 그런 겁니다.

단지 어떻게 바라보고 다루느냐에 따라 훨씬 덜 힘들 수 있습니다. 관계를 잘 만드는 것 이전에 내가 심정적으로 덜 힘들어야 살맛이 나지요.

우선 내가 덜 힘들면 관계는 알아서 편안한 쪽으로 흘러갑니다.

1) 인간의 다양성을 인정하세요

세상에는 노숙자도 있고 범죄자도 있습니다.
도대체 받아들이기 싫어도 세상에는 별별 인간들이 다 있습니다. 나 또한 별별 인간들 중 하나입니다.

원치 않아도 우리가 나아가야 할 방향은 포용입니다.
빨주노초파남보 다양한 색상은 쉽게 인정합니다.

그런데 옳고 그름의 평가와 수준은 다양성으로 인정하기 힘들어 합니다. 배려가 부족하고 이기적이고 자기 중심적이고 천박하고 무식하고 등 낮은 수준으로 평가되는 영역은 다양성에서 배제하려고 합니다.

게으른 사람도 있고 좀 더 사악한 사람도 있습니다.
그냥 지구에는 있습니다.
싸그리 없애야 하나요?
나도 게으를 수도 있고 사악할 수도 있습니다.
잘 노력해서 마침 실수를 안 했다 한들 그래서 난 참 완벽한가요?

버거워도 우리가 나아가야 할 방향은 분명 포용입니다.
포용한다고 다 이해하고 항상 같이 하라는 것이 아닙니다.

나의 생각, 기준, 제안들은 표현하세요.
불편한 사람 하고는 시간을 덜 보내세요.
내가 좀 더 끌려하고 배울만한 사람들과 시간을 더 보내세요.

하필 내 가족이 도대체 이해가 가지 않아도 어쩔 수 없습니다.
저럴 수도 있다는 생각을 반드시 해야합니다.

극단적으로는 내 가족이 터무니 없는 범죄자가 될 수도 있습니다.
여튼 이 관점이 중요합니다.

내 기준에서 말이 안되어도
그런 존재는 세상에 있을 수 있습니다.

2) 대상에게 거부감이 들어도 감정적 소비를 이어가지 마세요

 응당 인정해야 하는 다양성, 포용은 결국 나를 덜 힘들게 합니다.
'어떻게 저럴 수 있지' 라는 생각이 감정적 소비의 발단입니다.
사실 내가 저 사람 때문에 미치겠고 짜증이 나고 힘든 이유는 내가 감정적 소비를 과하게 하고 있기 때문입니다.

'쟤는 왜 저러지? 어떻게 저럴 수 있지?' 가 아니라 그냥 저럴 수도 있다는 생각, '세상에는 별별 인간이 다 있는데 내 가까운 곳에도 있구나' 라고 인정하는 연습을 하다보면 차분하게 이성적인 판단과 결정을 하게 됩니다.
'어떻게 저럴 수 있지' 라는 생각은 희한하게 태풍처럼 감정을 집어 삼키는데 이런 감정적 소비는 결국 지는 싸움이 됩니다.

감정적 소비 상태에서는 결코 상대를 설득할 수도 없고 이길 수가 없습니다. 차분해야만 판단력을 가지고 대처할 수가 있죠.

아이가 음식을 막 흘리면서 돌아다니는 경우에도 엄마가 감정적 소비를 하지 않는다면, 그냥 "앉아서 먹어" 이 말이면 충분합니다.
아이가 말을 안 들어도 그냥 이 말을 단호하게 반복하는 것이 훨씬 낫습니다.

쟤가 왜 저러지? 안 그래도 힘들어 죽겠는데 왜 저런 애를 낳았지?
감정적 소비로 이어가지 마세요. 그냥 애는 저렇고 특히 유별난 애도 있습니다.
아무리 포용하려고 해도 감정적 소비가 자꾸 소용돌이처럼 커지면 결국 나의 내면아이, 컨디션 등 나를 돌아봐야 합니다.
마음에 한이 깊거나 요새 너무 힘들면 포용력이 약해지긴 하니까요.

다 있을 수 있는 일이지, 저럴 수 있지 라는 암송과 함께 가만히 시간을 갖으세요.
짜증나는 사람에게 빠르게 대응하고 대화를 이어가야 할 것 같을 때도 "그냥 10분 뒤에 이야기 하자" "생각해보고 다시 이야기 할게" "내일 연락 드릴게요" 하고 시간을 끄세요.

감정적 소비는 멈추고 시간을 갖고 전두엽을 사용해서 생각을 해보세요.

◆ 내 생각, 내 기준, 내 취향은 뭐지?
◆ 다양성을 인정하는 중에 내가 원하는 것은 뭐지?

혹시 서로를 알아차리게 해주고 견제해주면서 동반 성장할 수 있는 방법은 없을까?
도대체 쟤는 왜 저러지 하며 내 입장에서 비난하기보다 서로 알려 줄 순 없을까?
아무리 가까운 사람이라도 욕심을 버리고 독립된 인간으로 거리를 둬야 하는 부분은 뭘까?

절대적으로 나쁜 존재, 옳은 존재란 없습니다.

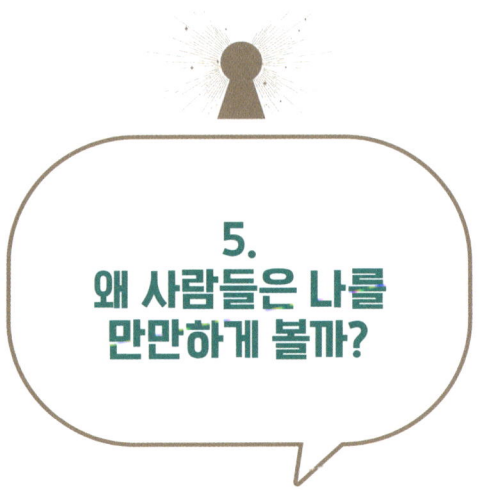

5. 왜 사람들은 나를 만만하게 볼까?

호구 취급을 잘 당한다, 사람들이 나한테 좀 함부로 하는 거 같다고 말씀하시는 분들의 이야기를 더 듣다 보면 자신은 사람을 좋아한다, 마음이 여리다, 더 나아가서 눈치를 많이 본다고 합니다.

자신은 사람들과 너무 잘 지내고 싶어서 굉장히 배려하고 맞춰 주는데 그들은 왜 나한테 그렇게 하는지 도저히 이해가 안된다고 생각하면서도 자신이 실수 한 건 아닐까 과하게 반성하고 또 눈치를 보며 불안해 합니다.

이미 이 이야기들에 답이 나와있습니다.

내가 정말 사람을 좋아하고 굉장히 배려하고 맞춰주기 때문에 그들이 나를 만만하게 대하는 거죠.

물론 그래도 만만하게 대하면 안 되지만 내가 더 간절하면 나를 낮은 위치에 놓고 교류하기에 대상과 그런 구도를 만들 수 있습니다.
자신이 만든 나름의 분위기에 상대가 끌려 들어온 것 일 수 있습니다.

그렇다면 난 왜 그렇게까지 사람이 좋고 잘 지내고 싶어서 배려하고 맞춰주게 되었을까요?
이것을 좋은 사람, 착한 사람이라고 포장하면서까지 나는 왜 꼭 그런 사람이 되고 싶었을까요?

이것을 알아봐야 합니다.

1) 어린 시절 애정 결핍을 크게 느꼈는지 살펴보세요

어린 시절 외로움을 많이 느끼고 충분한 사랑과 지지를 못 받으며 자란 경우 이런 상황에 처할 확률이 높습니다.

거칠고 일방적인 방식으로 키워졌든 부모님이 너무 바빠서 방치되듯 키워졌든 세심한 사랑과 안내로 양육되어져야 할 미성숙한 시기에 결핍이 일어나면 사람을 그리워하고 외부에서 자신을 알아줄 사람을 간절히 더 찾게 됩니다.

대부분 양육에서 애정 결핍이 큰 경우 청소년기 학교 교우 관계에서도 틀어지기 시작합니다.
집에서 받지 못한 사랑을 친구, 기타 어른들로부터 채우고 싶기에 정이 그리운 존재로서 이미 낮은 자세로 자신을 굽히고 관계로 들어갑니다.

애정을 구걸하는 듯한 내면이 있기에 늘 비굴하게 관계 맺게 되거나 어떻게 친구를 사귀어야 하는지도 잘 몰라서 혼자서 지냅니다. 친구 관계도 결국 애정 결핍의 연장선이 됩니다.

외로움과 애정 결핍이 장기화 되고 성인이 되어서도 관계 맺기는 서툴고 늘 눈치를 보는 쪽이 됩니다.

나는 사람이 아쉬운데 사람들은 나를 쉽게 호구 취급하는 거 같습니다. 악순환의 연속입니다.
잘 해보려고 하는 방식이 자꾸 착한 모습입니다.
배려하고 맞춰주면 되는 거 아닌가 하는 단순한 방법만 반복합니다.

그렇지만 핵심은 이제 자신의 애정 결핍으로부터 나온 행동 패턴을 정확하게 파악하고 더 이상 착하고 좋은 사람의 모습으로 상대에게 맞춰 주는 모습을 멈춰야 합니다.
외롭기 싫어서 막무가내로 누구든 함께 하려는 모습을 멈춰야 합니다.
외롭고 정이 그리웠던 과거의 자신을 알아주고 그 시절의 나를 치유해야합니다.

2) 자신만의 가치관, 철학들을 재정립 해보세요

　타인들에게 사랑 받고자 하고 사람들 사이에 속하고 싶은 것에 집중하다 보니 자신을 알아가며 자신이 해야할 일에 집중하지 못합니다. 따라서 시기적절하게 발달되고 만들어져야 할 정체성 확립이 멈춘 상태 일 수 있습니다.

- 정말 나는 누구 인가요?
- 나는 무엇을 좋아하고 무엇을 중요하게 생각하나요?
- 남들에게 맞춰 주느라 이래도 괜찮고 저래도 괜찮았던 모습 말고 그래서 나는 어떻게 하고 싶은 걸까요?

자신의 관점, 철학 등을 다시 재 확립하기 위한 시간을 보내야 합니다. 주관이 있고 자기 중심이 있고 자기 확신이 있는 사람으로 거듭나야 합니다.
그 다음에 다시 관계 맺기를 새롭게 시도해야 합니다.

일반적으로 심리적 독립이 잘 되어 있는 건강한 사람들은 자기 중심이 약하고 타인에게 맞춰만 주는 사람을 좋아하지 않습니다. 수동적이고 의존적인 사람과의 교류는 만족감이 덜 하니까요.

따라서 사람이 그립고 자꾸 상대에게 맞춰주려는 분들에게는 심리적 지배를 하면서 쾌감을 얻고 싶은 이기적으로 병든 존재들이 다가오게 됩니다. 당연히 더더욱 함부로 취급될 확률이 높아지죠. 관련하여 [나르시시스트]와 [에코이스트] 5) 라는 개념도 많이 알려져 있습니다. 건강하지 못하지만 서로를 필요로 하면서 끌려합니다.

우선은 무엇보다도 자신을 다시 세워야 합니다.
뭔가 억울하고 서럽지만, 자신으로 돌아오세요.
애정 결핍을 채워 줄 존재는 결국 나 자신이고 내 인생을 가꿀 주인도 나 자신입니다.

---

5. 나르시시스트 : 자기 중심적으로 타인을 조종하려는 존재
   에코이스트 : 자기 희생적이며 타인에게 지나치게 맞추려는 존재

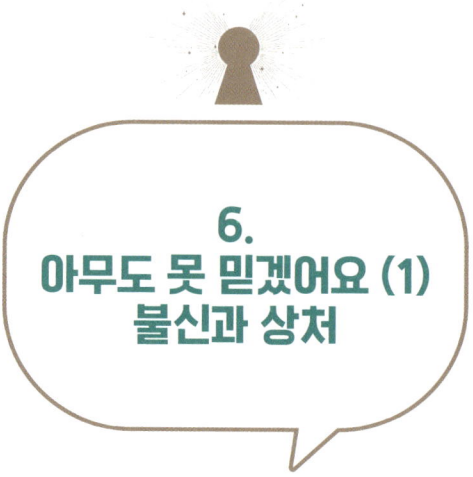

6.
아무도 못 믿겠어요 (1)
불신과 상처

　그 동안 코칭을 하며 만난 다수의 분들이 가지고 있는 세계관은 '세상은 위험하고 사람은 믿을 수 없다' 입니다. 그리고 어쩌면 제가 하는 일은 '세상은 살 만하고 사람은 무한한 가능성이 있는 신뢰할 만한 존재이다' 로 생각을 교정하는 일일지 모릅니다.

　물론 사람에게 위험한 부분, 믿지 못할 부분이 있지만 이 시각을 얼마나 확대 해석하고 있느냐에 따라 삶의 에너지, 방향, 행복의 정도가 달라집니다.

인간이 만들어온 역사가 일정 부분 험악하고 잔인했으며 여전히 이기심과 욕심이 더 노출되는 각박한 생존 풍경이 더 흔해 보인다 해도 우리 안의 사랑과 선함의 한 줄기 빛을 결국 알고 믿는 존재의 삶과 그 주변은 전혀 다른 전개와 결말을 낳곤 합니다.

많은 철학자, 사상가, 현자, 성인들이 인간의 성질에 대해 많이 연구하고 흔적을 남겼습니다.
적당히 정리해보면 인간은 배우고 훈련하지 않으면 동물성이 강화된 야만적인 행동을 서슴지 않을 수 있습니다.
반대로 인간만이 가진 고기능의 뇌 세포로 인해 배우고 익히면 신성한 통찰력까지 발휘하여 사랑과 지혜로 우리 모두의 삶을 아름답게 일굴 수 있습니다.

뇌 과학적으로 보면 인간의 뇌는 파충류 뇌, 포유류 뇌, 인간의 뇌를 모두 가지고 생명을 구성하고 있습니다. 인간만이 파충류 수준으로 살지, 포유류 수준으로 살지, 인간의 수준으로 살지 결정할 수 있는 기회를 갖고 있는 게 아닐까 합니다.

결국 인간은 교육, 배움, 학습이 정말로 중요합니다. 인간은 고 기능적 뇌세포를 동물적 본능에만 충실하게 사용할 경우 좀 더 위험한 파괴력과 공격성을 가질 수 있습니다.

개체의 생존, 나의 생존에만 너무 집중하여 이기심, 욕심으로 고 기능적 지능을 사용한 현상이 그 동안의 전쟁의 역사, 현재의 돈 중심, 비교 경쟁의 풍경일 것입니다.

우선 고객님들의 사연을 살펴보면 사람에 대한 신뢰가 약하고 불신이 큰 경우는 역시 아픈 상처가 있고 주변에서 익히 봐온 사람들의 모습이 부정적이었습니다.
모든 사례에 자주 등장하지만 가정에서부터 시작됩니다.
어린 시절 우리는 부모 및 주변 어른들의 모습을 통해 세상을 알아갑니다. 그리고 그들의 삶의 방식을 닮고 배우며 각자의 미래를 어렴풋이 상상하고 꿈꾸게 됩니다. 10세까지는 무조건 따라하면서 배웁니다. 엄마가 젓가락질 하는 모습, 아빠가 옷 입는 모습을 보면서 나도 그렇게 해봅니다. 사람을 향한 태도, 관계 맺는 방법 등도 지속적으로 관찰합니다. 그리고 자신의 처신, 자신의 태도 또한 결정합니다.

잦은 가정불화는 당연히 인간에 대한 불신을 만듭니다. 엄마가 아빠를 미워하고 아빠가 엄마를 무시하고 할머니가 아들만 좋아하고 고모가 우리 엄마를 하대하는 풍경을 지속적으로 바라보던 아이들은 엄마가, 아빠가, 할머니가, 고모가 나를 보고 웃어도 점점 믿지 못합니다.

다 같이 화목한 척 외식을 하고 명절에 모입니다. 그런데 돌아서면 서로 욕을 합니다. 아이들은 이 모든 것이 충격입니다. 아이들이 자는 줄 알고 하는 이야기, 아이 생각 못하고 전화로 오고 간 이야기들을 엿 듣고 또 충격을 받습니다. 이중 인격과 위선에 놀라고 두려움을 느낍니다. 자신을 어떻게 보여줘야 하지? 나의 생각을 어떻게 말해야 하지? 나도 거짓말을 해야하나? 등 관계 맺는 방법에 취약해지고 항상 방어적으로 빠르게 가면을 씁니다.

물론 사람살이 라는게 얼굴 보고는 웬만하면 예의 차리고, 체면 차리다가 편안한 상황이 되면 솔직한 속내도 이야기 할 수 있고 넋두리도 할 수 있지요.
부부가 서로 의견이 달라서 아이들 앞에서 싸울 수도 있지요.
그 동안의 관습에 젖어 살기 바빠 이기적인 줄도 모르고, 상처 줄 지도 모르고 거친 표현으로 욕망을 표출 할 수도 있지요.

그런데 우리 자주 돌아봐야 할 거 같습니다.
주구장창 자신에게 사로잡혀 서로를 헐뜯고 욕을 하고 겉과 속이 다르고 참지 못해 터지는 행위들에 그냥 무방비로 살아야 할까요? 정말 아이들만 이 풍경 속에서 충격 받고 두려워하나요?

다 큰 어른들은 이런 분위기가 정말 괜찮으신가요? 묻고 싶습니다.

막 풀고 나면 우선 시원하게 느껴집니다. 순간적으로 시원한 것에 중독 되어서 근본적인 해결도 안하고 서로에게 악영향을 주면서 인간의 불신을 세계관으로 장착하고 있다면 우리 모두 멈춰야 합니다.
당장 우리가 어떻게 하느냐에 따라 세상은 살 만하고 인간은 믿을 만한 존재가 됩니다.
우리 뇌를 어떻게 사용할지 배우고 연습하며 다짐하면 됩니다.

가정에서 공격적으로 자란 아이, 우리들은 또 세상에 나가서 당연하듯 서로 경쟁하고 이기려고 합니다.

이기심으로 두려움과 불안을 조장하고 좁은 시야로 그 공포를 믿습니다. 조금만 멀리 보면 전혀 다른 판단과 선택을 할 수 있음에도 어쩌다 좁게 맴돌고 있으면 내가 뭐하고 있는 줄도 잘 모릅니다.
더욱 큰 문제는 이러다가 뇌 손상이 옵니다.

폐쇄 회로를 당연하다 여기며 그 안에서 불신 지옥을 만들어내는 풍경의 극단적인 모습을 콘텐츠 화 한 것이 k-컬쳐 대표 히트작 [오징어 게임] 아닐까요?

우린 분명 이런 세상 속에 있기도 하고 이런 세상을 만들어 내기 쉽습니다만, 꼭 이런 세상이 다가 아닙니다. 이 와중에도 다른 세상을 만들 수 있고 다른 사람이 될 수 있습니다.

잠깐의 순간이라도 만들어낼 수 있는 아름다운 사람과 풍경의 가능성을 절대 놓치지 마세요.
그럴 리 없다고 의심하고 단정 짓지 않길 바랍니다.
긍정적인 순간의 맛을 경험하기 시작하면 우리의 세계관은 변화합니다.

'세상은 살 만하고 사람은 무한한 가능성을 가진 믿을 만한 존재다'로 세계관을 교정하며 새로운 존재의 나로 살아가기 위한 실행법 2가지를 제안합니다.

1) 긍정적이고 지혜로운 사람, 책, 환경을 적극적으로 찾아내세요

 어린 시절부터 만들어 졌든, 사회에서 크게 배신을 당하거나 상처를 받았든, 불신으로 세상을 바라보면 바라볼수록 신기하게 그런 상황이 더 반복적으로 벌어집니다.

내가 방어적이고 겁먹은 상태라 세상 속으로 당당히 걸어 들어갈 확률이 떨어지기 때문에 방어적이고 겁먹은 사람에게 함부로 하는 부정적인 사람과 더 엮일 수 있습니다.

이미 내 에너지가 부정적이라 단번에 힘을 내어 세상의 긍정적 측면을 발굴 해내는 것이 버거울 수 있지만 마음의 방향만 이라도 설정할 필요가 있습니다.

어둠과 빛이 반반이라고 할 때 어둠을 향해 서 있을 것이냐 빛을 향해 서 있을 것이냐 하나 만으로 삶이 바뀝니다. 내 뒤가 깜깜한 어둠이라 하더라도 내가 보는 방향이 빛이라면 우리의 정신 활동은 전혀 다른 방식으로 작동합니다. 당장 걸어 들어가지 못하더라도 빛을 향해 몸을 돌리면 좋겠습니다.
단순히 책과 영화 등 어떤 콘텐츠를 즐겨 볼 것인가 부터도 시작입니다.

어둡고 암울한 내용은 한동안 보지마세요.
나의 세계관이 긍정적으로 바뀌고 내 내면의 긍정적인 힘이 커질 때까지 아름답고 지혜롭고 희망적인 이야기들을 즐기세요.

성숙한 위인, 삶을 남다르게 살아간 사람들의 이야기들을 찾으세요. 내 안의 지혜와 희망이 나도 모르게 불이 켜지면 그 어떤 어두운 현실에도 내가 다른 선택을 하고 다른 행동을 합니다. 외부의 어둠에 수동적으로 움직이는 것이 아니라 내 안의 빛과 긍정적인 힘을 알기에 주변이 삭막하고 위험해도 나만의 행동을 하게 됩니다.

조금이라도 힘이 생기면 긍정적이고 지혜로운 사람을 발굴하려고 하세요. 내가 못 봤을 뿐 어딘가에 있습니다. 내가 불신이 클 때 안 보였던 사람이 내가 빛을 향해 갈 때 다시 보일 수 있습니다.
사람에게 직접 신뢰와 존중을 경험하면 세계관을 교정하는 속도는 빨라집니다.

2) 내 안의 긍정, 사랑, 지혜를 살려내고 나에게 먼저 실천하세요

내 내면에서 긍정, 사랑, 지혜가 깨어나면 그 힘을 나에게 먼저 실천하세요.
사실 이 힘을 무작정 그냥 실천할 때 더 깨어납니다.
좋은 책, 좋은 영화, 좋은 환경으로 나를 옮겨 놓는 중에 그저 이 에너지를 바로 나에게 사용하세요.
부모로부터, 사회로부터 받았으면 좋았을 사랑, 존중, 아름다운 태도를 내가 나에게 해주세요.

저는 재 양육이라는 표현을 사용하고 있는데 내가 나를 긍정적으로 재 양육 해주는 것이 선행되어야 타인을 믿고 타인에게도 실천할 수 있습니다. 따뜻하고 지혜로운 엄마가 되어 나에게 이런 저런 이야기를 해주세요.

솔직한 내 마음을 알아주고 있는 그대로의 나도 존중해주며 알맞은 지침도 주세요.

여전히 두렵고 세상이 무섭고 사람을 못 미더워 하는 나에게 사랑과 지혜 가득한 엄마가 되어서 달래주고 응원해주고 멋진 의견도 주세요.

나를 두 자아로 분리해보세요. 그런데 둘 다 나인겁니다.
이런 시간을 갖는 것이 정말 마법 같은 효과가 있답니다.
우리의 마음, 정신은 무형의 에너지라 단순한 몇 가지 설정이나 조치만으로 크게 변화 될 수 있습니다.
그래서 마음 먹기 나름이라는 표현도 있지요.

노트와 펜을 들고 두 자아로 나눠서 글을 써보세요.
긍정과 사랑과 지혜의 내가 상처 받고 겁먹고 의심하는 나에게 이런 저런 편지를 써주세요.

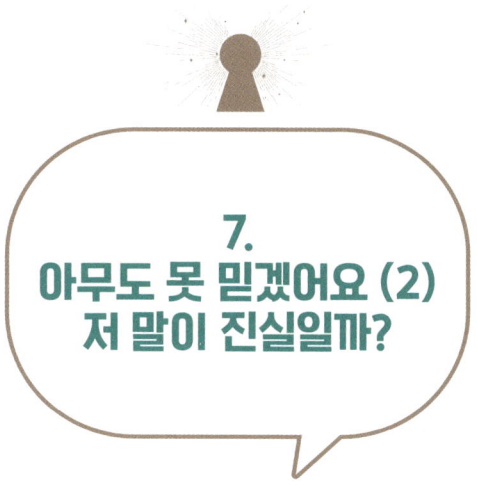

7. 아무도 못 믿겠어요 (2) 저 말이 진실일까?

　세상에 태어나보니 너도 나도 잘난 사람을 좋아합니다. 나도 그렇게 잘난 사람이 되면 좋을거 같습니다.

잘난 사람이란 돈 잘 버는 사람, 학벌 좋은 사람, 지위가 높은 사람, 가문이 좋은 사람, 유명한 사람, 외모가 출중한 사람, 특별하게 성공한 사람, 최소한 대기업에라도 다니는 사람 정도일까요?
활발한 산업 발전과 경제 성장 중심의 역사가 좀 지나가며 지금은 저성장 시대, 경제 침체기라고 여겨지다보니 요즘 잘난 사람은 지극히 평범한 사람이라고도 합니다.

사실 그 평범함이 돈과 대우의 안정성과 연결이 되다 보니 결국 잘난 사람이란 세상에서 먹고 살기 유리한 사람이란 의미로 보여집니다.
그러니까 한 인간의 본심, 진심이 좋고 각각의 존재마다 가치와 아름다움이 있다 해도 이런 건 이론에 불과한가 봅니다.
서로 사랑하고 나누며 매 순간을 정성껏 가꿔 나가는 과정, 삶을 경험하고 느끼며 배워 나가는 과정에 진정한 기쁨과 만족이 있다고 어디선가 아무리 들어도 세상의 풍경은 너도 나도 앞다투어 잘난 사람부터 되어야 할 거 같습니다.

한 시절, 출세해서 서울로 상경하는 것이 집안을 일으켜 세우는 뿌듯한 일인 역사도 있었고, 내 집 마련이 인생의 핵심 목표인 부분노 있고, 지적으로 우수함을 입증하면 이 모든 것들이 유리하기도 한 시대였습니다. 외모와 신체가 월등해도 인생이 쉽게 풀리는 거 아닌가 싶기도 합니다. 이 와중에 진정 기분 좋은 순간은 누군가가 나를 부러워하고 대우 해주는 순간입니다.
반대로 세상 사람들이 쫓는 잘난 사람에서 밀리면 관심과 인정을 덜 받고 상대적으로 초라한 거 같고 내가 무능하거나 못나보입니다. 실제로 무시 당하는 경우도 발생합니다.

한 평생 태어나 다양한 성취와 만족을 꿈 꿔볼 수 있습니다. 좀 더 나은 의식주 마련을 위해 이런 저런 연구와 시도를 하는 것 자체가 인간으로서 해 볼 만한 일이고 재미일 수 있습니다.

단지 이런 분위기 속에서 사람에 대한 불신이 커지는 경우를 짚어보려고 합니다.

어린 시절부터 비교 경쟁의 시선과 가르침에 강하게 노출 되었을 경우, 특히 집안 분위기가 일가 친척들까지 해서 학벌과 취업, 성공에 대한 집착이 클 경우, 행여 잘난 사람이 되더라도 심리적으로는 상당히 불안정하고 타인에 대한 불신이 큰 경우가 많습니다.

한 마디로 좋은 집안의 자손으로 나름 인정받을 만한 학벌과 직업을 갖췄음에도 불안도가 높고 타인과의 관계도 불안정 하다는 것입니다.

집안 분위기가 잘난 사람을 강하게 추구 할 경우 양육과 교육도 엄격하고 무서운 편입니다. 마침 이런 것들이 먹히긴 해서 결국 자녀들이 화려한 스펙을 자랑하거나 젊은 나이에 큰 일을 하게 되기도 합니다. 아마 이런 모습을 보면서 부모님과 일가 친척들은 자식을 잘 키웠다고 생각하고 있을 수 있지만 코치로서 만나보면 마음은 황폐하고 분노나 불안으로 가득한 상황이곤 합니다.

항상 존재를 우월한가 열등한가로 평가하며 누군가를 쉽게 무시하고 자신도 무시 당할까봐 늘 긴장을 하고 있습니다.

한시도 자신의 마음을 내려놓고 아름다운 풍경을 즐기거나 평화로운 마음으로 미소 짓는 것이 어렵습니다. 이 정도면 사회적 조건을 충분히 갖춘 사람들인데 자기 정체성과 자기 확신은 낮습니다. 스스로의 기준과 힘도 약해서 늘 외부로부터 확인을 받아야 합니다.

그 와중에 많은 사람들이 이들의 잘난 부분을 좋아해주고 인정해줍니다. 당연히 자신 또한 잘난 사람들과 어울리고 싶고 잘난 사람들을 보면 푹 빠져듭니다.
학벌, 직업, 돈, 지위, 외모, 인맥 등 모든 것이 완벽해 보이는 사람이 되고 싶습니다.
자신이 애써서 갖춘 포장지를 보고 추앙 해주고 대우 해주는 사람들을 만나면 역시 사람들은 이렇다는 사실이 입증 되는 거 같아 안심하게 됩니다. 그러면서도 한편으로는 '이들은 결국 내 겉모습 때문에 나에게 다가온 거 아닐까? 만약 나의 이런 포장지가 사라져도 나라는 사람을 순수하게 좋아해줄까?' 하는 의심이 항상 동반됩니다.
그러나 이 포장지를 벗겨낸 자신이 어떤 존재인지 자신조차 제대로 알고 있지 못합니다.

흔히 표현하는 속물이라는 단어로 사람들을 봅니다.
사실 자신도 속물인 거 같아서 마음이 찜찜합니다.

인간계 전체에 불신이 강합니다. 인간은 믿을 만한 존재가 아닙니다.

인간은 이기적이고 사악한 부분이 강하니까요. 뭐 이런 곳에서 이렇게 살다 가야하니 난 더욱 강해져야 합니다. 겉 모습이요. 내가 갖춰야 할 포장지들이 뒤로 밀리지 않도록 더더더 높이 올려야 합니다. 안전하기 위해서요.

잘난 사람들과 어울리고 싶고 어울려야 하지만 이들은 항상 경쟁상대입니다.

이들의 말과 행동, 표현들을 순순히 받아들이지 못하겠습니다.

늘 이들의 속내가 궁금합니다. 진의가 궁금합니다. '저게 진짜일까? 나를 좋아해주긴 하는데 진심일까? 내 돈 때문에 알랑방귀 끼는 거 아냐? 내 지위 때문에 함께 하는 거 아냐?'

한편으로는 '난 아직도 부족해 보이는데, 확실히 더 갖춘, 높은 자리에 있는 존재들도 있는데, 그렇다면 아까 그 사람이 나를 칭찬한 것은 진실일까?'

연애를 해도 우정을 쌓을 친구를 만나도 잘 믿지를 못합니다. 포장지를 벗겨낸 자신이 들키는 것도 두렵습니다. 내가 나에 대해 잘 알지 못하기에 포장지를 벗겨낸 자신의 모습이 너무 볼품 없지 않을까 두렵습니다.

나 자신을 잘 바라 본 적도 없습니다.

행복의 공을 지탱하는 다리는 여러 개여야 합니다.
그런데 생존에 유리하고 부러움을 사는 잘난 사람에만 너무 집중한 나머지 그 외의 행복 자원이 전혀 자라지 못했습니다. 그리고 이 하나의 다리가 잠시 쉬도록 내려 놓지도 못합니다.

무엇보다 중요한 것은 사람은 깊은 연결감을 통해 충만한 안정감을 느낍니다.
사회적 조건에 부합함으로써 만들어진 연결감도 필수적이고 가치 있습니다만 이젠 생명이라는 존재 그 자체로서 교류하고 교감하는 경험으로 확장되어야 합니다.
내가 시선을 바꾸고 관점을 바꾸면 새로운 관계들이 나타납니다. 우린 어쩌면 잘난 사람이 아니어서 진실된 관계를 만들 수 있습니다.
내가 내 껍데기를 내려 놓으면 껍데기를 내려 놓은 존재들과 안전하게 눈을 마주칠 수 있습니다.

그 동안 세상 속에서 잘 먹고 잘 살고자, 잘난 사람이 되어 보고자 열심히 살아왔다면 이젠 이것을 기반으로 마음이 부자인 사람으로 확장하시면 좋겠습니다.
모두를 의심의 눈으로 보는 것이 아니라 모두와 친구가 될 수 있다는 안정감으로 나아가시면 좋겠습니다.

1) 세상이 원하는 잘난 모습 속에 숨겨져 있는 진정한 나를 탐색하세요

화려하고 대단해 보이는 것들에 현혹되면 세상에 존재하는 다양한 가치와 소박한 아름다움을 보기 힘듭니다. 멋진 파티복을 입은 나도 좋지만 맨 몸을 가만히 들여다 보면 새로운 것들이 발견됩니다.

관찰하려고 하고 음미하려고 하면 그제서야 느껴지는 맛이 있고 보여지는 색이 있습니다. 정말 반드시 저것 만이 예쁜 것 이었을까요?

우리의 감각은 섬세하고 촘촘해서 가만히 있으면 있을수록 더욱 미세하게 느끼고 발견될 수 있습니다. 그렇게 나를 탐색하고 발견해보세요.

세상에 맞추느라, 타인에게 좋은 소리 들으려고 사실은 원하는데 방치해 놓은 나 자신이 있을 수 있습니다. 진정 원하는 것을 모른 척 했을 수 있습니다. 그냥 내 마음과 함께 있으면서 긴장을 내려놓으세요. 다시 잘난 모습의 의상으로 돌아갈 때 가더라도 진정한 나를 만나는 시간을 꼭 갖으세요.
진정한 내가 볼품 없거나 초라해도 괜찮습니다.

화려하고 대단해 보이는 것에 길들여져서 상대적으로 잠시 놀라는 거지 가만히 바라보면 하나도 볼품 없거나 초라하지 않습니다.

누군가의 평가, 비교로 인한 마음 아픔, 복수심, 분노들이 나를 그렇게 보게 하는 것이지 아무 것도 비교하지 않는다면 그냥 나는 그런 모습입니다.

그냥 그런 겁니다. 그렇게 숨 쉬고 있는 내가 아이스크림을 먹고 싶으면 먹으면 되고 재즈를 듣고 싶으면 들으면 됩니다.

잠시 이렇게 한다고 절대로 세상이 무너지고 내가 뒤쳐지지 않습니다. 안심하고 가만히 나와 함께 하고 나를 탐색하세요.

2) 인정받고 사랑 받고자 하는 중독에서 벗어나세요

잘난 모습을 갖추고 인정받는 것에 있어 분명 짜릿함, 쾌감이 있습니다. 문제는 이 쾌감에 중독이 될 수 있다는 겁니다.

내 마음은 황폐하고 가슴은 가난하고 내가 누군지도 모르겠고 아무도 믿을 수 없을만큼 불안이 큰데도 누군가가 나를 인정해주고 부러워 해주면 이 것을 한방에 뒤엎을 만큼 쾌감이 큽니다.

겉 포장지를 갖출 만큼 갖춘 것 같은데도 계속 더더치 높이 가거나 채우려고 하는 사람들은 잘난 모습을 갖추고 인정 받아본 짜릿함을 느껴봤기 때문입니다.
그러면서 그 만족을 유지하려는 자신의 집착이 이어집니다.
자신이 중독임을 인정하세요.

모든 중독이 그러하듯이 중독은 결국 몸을 망칩니다. 삶을 망칩니다.
지난친 쾌락의 고통을 우린 알아야 합니다.
쾌감은 조절이 필요합니다.
따라서 조금 낮은 쾌감, 밋밋함과 그저 그런 것들에 감각을 여세요.
짜릿함이 없지만 섬세함으로 살아있는 평온과 축복을 음미하고 느끼시길 바랍니다.

물론 훈련이 필요하고 도움이 필요 할 수 있습니다.
그러기 위해 우선 중독을 끊어 내기로 마음을 먹으세요.

8. 인간 혐오가 큰 거 같아요.

길 가는 모든 사람들이 거슬려요.
상대가 조금만 마음에 안 들면 화가 나고 쌍욕 하고 싶어요.
생각보다 이 감정들이 격렬합니다.

꽤나 자주 듣는 이야기 입니다.

다양한 상황과 사연으로 코칭 고객님들을 만나게 되긴 합니다만 저와 연결되는 고객님들의 공통점들이 좀 있습니다.

시대, 한국 사회의 반영이기도 하지만 남들에게 휘둘렸던 나의 중심을 찾고 자신만의 정체성을 재확립 해야하는 분들이 대다수입니다. 여성분들이 좀 더 많습니다. 역사적으로 여성이 자신을 드러내기보단 희생하며 공동체를 보조해왔고 사회적 지위도 낮았기에 대대손손 자아발달, 자기 소신, 주체성 등이 취약했습니다.

지금은 사회의 흐름 상 남성들도 드러내는 방식이 다를 뿐 여성과 비슷한 내면이 많습니다. 그럼에도 코치를 찾아오는 경우는 여성보다 적습니다. 남성들의 역사 속에서 남성들은 가오가 있으니까요. 취약한 나의 중심, 빈약한 정체성을 공공연히 드러내기엔 자존심 상하고 어렵습니다. 우선 센 척, 멋진 척 합니다.

이 주제에 있어 이렇게 서두를 여는 이유는 결국 인간혐오, 혐오까진 안 가더라도 타인 비방, 비난, 비하, 거부감, 증오 등의 감정의 발단은 사실 자신의 약한 내면에 있습니다.
발달 단계에 맞게 미성년 시절의 양육과 교육이 잘 진행되지 않은 상태에서 사회에서의 편견, 금기, 생존 불안과 공포 등을 맞닥뜨리고 움츠러들면 나를 믿고 나아가는 힘, 나는 누구인가에 관한 정체성이 제대로 형성되며 성장하지 못합니다.

한 마디로 겁 먹은 마음이 기본으로 장착됩니다.

사실 인간은 지금보다 훨씬 세심하고 비폭력적인 양육과 교육으로 정서적 안정감을 느껴야 합니다. 발단 단계에 알맞게 차근차근 배움과 도전을 경험해야 합니다.

이것이 뒷받침 되어 성인이 되어서도 몸소 삶에 부딪혀 자신만의 경험과 깨달음으로 자기 역사를 만들어가면 자기 정체성, 주체성은 지속적으로 성장합니다. 그런데 이 가능성이 열리지 않고 시키는대로, 수동적으로 살아가게 되면 튼튼한 자아로서의 기분을 스스로 느끼지 못합니다. 이 상태가 오래 지속되면 알맹이가 없는 텅 비고 취약한 내면, 자아 상태가 굳어집니다.

내 인생을 설계하는데 자기 기준이 없습니다. 누군가에게 계속 묻고 확인해야 합니다.
이런 과정에서 신기하게 눈치 좋은 사람, 착한 사람, 성격 좋은 사람의 특징을 강화시킵니다. 문제 없고, 세지 않고, 마음 좋고, 눈치 빠른 면모를 앞세우는 사람이 됩니다.
그 모습으로 누군가에게 의존하거나 군중에게 묻어가는 방식으로 삶을 운용하게 됩니다.

눈치를 보고 이쁨 받으려고만 합니다.

저의 주요 고객들의 경우를 살펴보면 당연하게 모두 양육에서 첫 번째 문제를 겪습니다.

현재 자본주의 산업 사회로부터의 강력한 영향을 배제할 수 없습니다. 그러니까 부모님들이 자녀를 그런 방식으로 키운 것은 혹독한 자본주의 비교 경쟁의 문화 속에 우리 모두 존재하고 있기 때문인거죠.

첫째, 엄마든 아빠든 자신의 욕심이 매우 강합니다. 자신에게 사로잡혀 있고 권위주의적 이어서 자녀의 감정, 상태, 생각 등에 관심이 없고 전혀 고려하지 않습니다.

둘째, 부모가 돈, 지위, 체면에 있어 우위를 차지하고자 하는 욕망이 강한 경우, 자녀에게도 그에 부합하는 조건을 강요합니다.

이 과정에서 자녀를 비하하거나 비교하거나 하대하는 언어폭력, 신체적 폭력을 일상으로 만듭니다. 강도가 약했을 경우, 그 정도 가지고 뭘 그러냐고 하시면 안됩니다. **저온 화상에도 피부는 벗겨지고 쇼크로 죽을 수도 있습니다.**

양육으로부터의 문제를 짚는다고 해서 어린 친구들만 이야기 하는 것이 아닙니다.

20대에서 40대까지 넓게 분포한 모든 고객들의 공통점 입니다.
나이가 몇 살이든 모두 양육을 받았던 시기는 다 있었으니까요.
게다가 한국은 부모 자식의 밀착이 너무 깁니다.

물론 이 양육을 지배하는 것은 사회 분위기이기에 사회에 나가서도 상황은 이어집니다.

결론은 이런 분위기 속에서 존재는 '나'를 튼튼하게 키우지 못하고 눈치 보고 겁먹으며 자신의 솔직한 욕구나 욕망을 억제하고 참으며 살아갑니다.
시기적절한 자기다운 표현, 배움, 모험과 도전은 완전히 소멸되고 내가 누군지도 모른 채 착하고 좋은 사람으로 시키는 대로 잘 하며 이쁨 받는 사람이 되어갑니다.

행여 사회에서 우위를 차지하는 직업, 재산, 지위 등을 확보하게 되면 보란 듯이 갑질을 할 수 있을지도 모르는데 저에게 코칭을 받으러 오시는 분들은 이미 그 전에 괴로워서 오신 상태입니다.
갑질도 못하고 '나'라는 정체성도 없이 눈치 보고 살고 있으니 화병이 안 나도 이상하지요.

이게 바로 인간 혐오로 갑니다.

모든 걸 억누르고 참고 살아오며 시기 적절한 표현과 경험도 멈춰져 있으니 내 안의 욕구 불만과 두려움들은 짜증과 분노의 형태로 전환됩니다.

누군가가 자유롭게 자신을 표현하거나, 자신이 원하는 도전을 하거나 신나게 살아가도 화가 날 것이고 돈, 지위에 있어 갑질을 할 수 있는 사람을 봐도 화가 날 것입니다.
난 이렇게 눈치 보며 착하게 살아가는데 누군가가 이기적이거나 욕심이 많다면 화가 날 것입니다.
자기 주장을 잘 하거나 거침 없이 자신의 선택을 잘 하는 사람을 봐도 화가 날 것입니다.
나 보다 약자를 보면 비웃으면서 자신의 상태를 위로할 것이고 파렴치한 인간을 보면 우쭐댈 것입니다. 악인이나 범죄자를 보면 더욱 당당하게 모든 분노를 토해낼 것입니다.

내 인생은 멈춰 있습니다. 나의 인생 매뉴얼을 만들어나가지 못했습니다. 많은 것을 참고 있습니다. 내가 누군지 잘 모르겠습니다. 뭘 원하는지도 모르겠습니다. 세상이 무섭고 사람이 싫습니다. 되돌리기에 너무 늦은 거 같습니다.

늦지 않았습니다.

50살이 되어서라도 나를 다시 찾고 내면을 튼튼히 하며 주체적으로 삶을 만들어 가는 쾌감을 느낄 수 있습니다.

1) 내 멋대로, 나 하고 싶은 것을 시도 할 수 있는 장을 만드세요

날 것이고 거칠더라도 우선 자신의 솔직한 심정을 토로할 수 있는 안전한 장을 찾으세요.
오래 참고 억눌러온 자신의 호기심, 관심사를 적극적으로 실행해보기 시작해야 합니다.
타인을 혐오하는 대신 자신을 드러내고 나를 표현해야 합니다.

내면이 약하고 나의 정체성, 주체성이 희미할 때 나쁜 세력에게 유혹을 당하기도 좋습니다.

건강하게 자신을 풀고 자신이 하고 싶은 것들을 시도할 수 있도록 돕는 좋은 사람들과 프로그램을 찾아내시면 좋겠습니다.

많이 겁 먹고 위축되어 있는 시기에는 상담사나 코치를 찾으세요.

너무 깊게 숨겨진 내 마음의 소리를 잘 들을 수 있도록 도와주는 사람이 필요 할 수 있습니다.

타인에게 종속되어 살아오는 동안 내 감각과 내 감정이 시멘트 저 밑으로 묻혔을 수 있습니다. 오래 단절 되어서 나 자신인데도 자신에 대한 감을 너무 잃었을 수 있습니다.

좋은 책, 좋은 사람, 전문가, 전문 프로그램을 찾아 차근차근 안내 받으며 조금씩 조금씩 자신을 만나고 자신의 힘을 찾으면 좋겠습니다.

2) 나를 위축시키는 존재들과는 거리를 두세요

앞서 말했듯 자신을 있는 그대로 존중하고 사랑해주지 못하고 강압하고 통제했던 부모님과는 한 동안 거리를 두세요. 지금 부모님이 변했더라도 과거 양육을 통해 자신에게 체화된 내면 습관이 강하게 남아 있습니다. 이제라도 자신의 정체성, 주체성을 재확립 하려고 하면 어린 시절 기억을 불러 일으키는 부모님과도 한 동안 거리를 둬야합니다.

비교 경쟁과 자본주의의 삭막한 사회 속에서도 따뜻하게 생명을 존중하며 세상을 아름답게 가꾸려는 건강한 존재들도 많습니다.

지금까지 경험하고 인지한 세상을 당연히 여기지 말고 좀 더 멀리 넓게 보며 건강한 존재들을 찾아내세요.

눈치를 보게 하고 말 잘 들어야 좋아 해주는 존재들과는 강력하게 거리를 두시기 바랍니다.

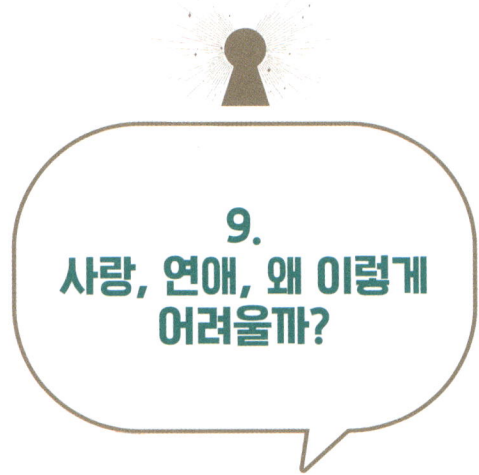

9. 사랑, 연애, 왜 이렇게 어려울까?

   코칭 주제는 참 다양합니다.

심리 상담, 심리 치료의 영역에서는 다소 심각한 마음의 문제, 마음의 병을 중점적으로 다루지만 현대에 새롭게 등장한 코칭의 영역은 심각한 마음의 문제는 물론 삶을 살아가며 부딪히는 폭넓은 고민들을 모두 다룹니다.

복잡하고 고도화된 현대를 살아가는 사람들이 겪고 다뤄야 할 일들이 난이도가 높아졌기에 혼자 끙끙 앓으며 해결 하기보다 전문가와 소통하며 해결한다면 일상이 훨씬 수월해지겠죠.

따라서 코칭학은 유독 대화법, 소통법을 중요시 합니다.
전문적인 코칭 대화법을 숙지한 코치와 문제를 의논하면 어떤 주제든 당사자의 입장에서 당사자가 원하는 문제해결법을 찾게 됩니다.
스스로의 해결책을 스스로의 방식으로 끌어낼 수 있게 조력 해주는 존재가 코치인 샘이죠.

연애의 영역도 생각보다 쉽지 않습니다. 자기 마음 같아서는 이래야 할 거 같고 자기 생각에는 이것이 맞는 것 같지만 관계는 그렇게 단순치 않아서 좋은 마음에도 불구하고 상황이 꼬여만 가지요. 그러다 보니 정말 연애 문제, 결혼 문제로 앞이 깜깜 해서 코칭을 신청하시는 경우도 꽤 있고 라이프 코칭 과정 속에서 자연스럽게 사랑, 관계 문제가 수면 위로 등장하게 됩니다.

청춘 남녀의 연애는 상당히 격렬한 감정을 유발해서 코칭 신청으로 연락이 왔을 때 엉엉 울거나 숨을 잘 못 쉬면서 이야기 하시는 경우도 있습니다.

정말 우리에게 사랑이란 뭘까요?
너무나 걱정되는 상태에서 코칭을 시작하지만 결과적으로는 모두 안정을 찾게 됩니다.

관계 문제로 코칭을 시작했지만 대부분 자신의 문제로 연결되어 심리적 자립과 감정 관리의 측면을 본격적으로 다루게 되지요. 홀로 서기가 잘 안되어 있을 수록 연애, 결혼, 사랑은 난항을 겪게 됩니다. 그 동안 이렇게 코칭을 해오다보니 코칭 이후 썸이 연애가 된 커플, 결혼하게 된 커플, 이혼하게 된 커플, 이혼 위기를 넘긴 커플 등 다양한 사례가 탄생하였습니다.

보통은 여성이 코칭을 신청해서 자신을 진정시키고 핵심 문제를 파악하며 문제를 해결하려는 의지를 좀 더 강하게 보입니다. 앞에서도 말씀드렸지만 남성은 아직 상담이나 코칭을 신청하는 것에 주저 합니다. 혼자 힘으로 더 해보려고 하고 전문가에 대한 의심도 더 큽니다.

좀 드물긴 하지만 가장 반가운 사례는 여성이 코칭을 먼저 진행한 후, 관계에 긍정적인 영향을 끼치면서 커플 남성 분도 코칭을 이어 신청하는 경우 입니다. 결국 개별적으로 자신의 내면을 성장시키고 튼튼한 자아가 되면 관계는 자동으로 행복해집니다. 부부클리닉, 커플 상담의 방식보다 저는 개별 코칭을 지향합니다.

개인이 튼튼하게 제 자리를 찾으면 관계, 공동체는 자동으로 안정된다는 것을 확신하니까요.

1) 긴 호흡으로 사랑을 만들어 가세요

사랑에 빠지면 우린 마음이 급해집니다. 내가 더 좋아하는 거 같이 느껴지면 마음 조립니다. 안정기에 들어가는 시점이 언젤까요? 연애 1년차? 결혼 1년차?

자존심 상하기 싫고 내가 더 사랑을 많이 받으면 편할 거 같습니다. 자꾸 잽니다. 밀당을 합니다.
물론 지혜로운 거리 조절이란 것이 있습니다. 서로를 알아가는 과정에서 나의 속도와 상대의 속도가 달라서 인내심을 갖고 상대를 기다려야 할 수도 있습니다. 대화법이 달라서 오늘 속 시원하고 싶은데 일주일을 기다려야 할 수도 있습니다. 내가 듣고 싶은 말은 사실 정해져 있는데 상대는 다르게 말 해서 답답할 수도 있습니다.

지혜로운 거리 조절과 밀당은 다릅니다. 밀당은 상대를 조종하고자 하는 마음이라면 지혜로운 거리 조절은 상대를 위해 내가 좀 인내하는 겁니다.

연애를 무사히 마치고 결혼을 했는데 이 사람을 더 모르겠습니다. 혹은 결혼을 하니 완전히 딴 사람 같습니다.

5년이 지나서야 알게 되는 사실도 있고 10년을 살았는데도 속을 모르기도 합니다. 아무리 사랑해도 우린 전혀 다른 개별적 존재이니까요.

자존심을 버린다는 것이 왜 그렇게 힘들까요? 내가 조금 더 사랑하는 것이 왜 그렇게 힘들까요?
이 또한 여러 이유들이 있습니다.
우리의 좌뇌세포는 끔찍하게 나를 아끼고 지키려고 합니다. 당연한 생명의 원리로 이렇게 나의 생존을 지켜나갑니다. 그럼에도 자칫 관계와 사랑을 방해합니다.

과거에 겪었던 애정 결핍과 반복 상처들도 자존심을 버리고 내가 조금 더 사랑하는 것을 방해합니다. 기억 저장소의 트라우마는 아주 사소한 것에도 겁을 내고 마음의 상처로 인한 비참함이 끔찍하게만 느껴집니다.

그래서 진정한 사랑을 만들어 가려면 과거의 상처 치유도 필수 관문이긴 합니다. 과거의 상처가 꼭 반복 재연될 리 없다는 희망과 행여 반복 재연 되어도 내가 강인하게 해결할 수 있다는 믿음의 마인드셋을 장착하는 시간이 필요합니다.

결국 연애를 잘 한다는 것은 긴 호흡으로 사랑을 만들어 갈 준비를 해야 한다는 것입니다.

적어도 초기 한 동안은 참으로 신경 쓰고 공들여야 합니다.
나의 자존심, 내 방식에만 빠지지 않고 상대를 충분히 관찰하고 이해하며 서로를 맞춰나가야 하니까요.
조금이라도 끌렸다면 그 마음을 믿고 사랑을 만들어 가세요.
조급해 하지 말고 천천히 서로를 알아가세요.

2) 솔직하게 자주 서로의 감정을 소통하세요

 연애든 결혼이든 대부분 문제가 터지는 이유는 혼자서만 끙끙 앓으면서 감정을 쌓아두기 때문입니다. 자존심 때문에 사랑을 표현하는 것을 참아도 결국 터집니다. 내가 먼저 사랑한다고 말하면 될 것을 그것을 참으면서 상대가 사랑한다고 표현 해주길 기다리다가 속이 터져버리는 거죠.

사랑한다는 말도 속상하다는 말도 쌓지 말고 자주 표현해야 합니다. 단지 내 기분만 생각하고 감정 해소하듯 일방적이면 상대가 당연히 당황스럽겠죠.

사랑한다는 말이야 불쑥 불쑥 해도 좋지만 속상한 이야기, 답답한 이야기는 미리 언질 주고 자리를 마련하는 것이 낫겠죠.

솔직하게 자주 서로의 감정을 소통하면 좋을 거라는 걸 알면서도 이 또한 왜 어려울까요?
두려움이 있으니까요. 자존심도 그렇지만 내가 원하는 방식으로 갈등이 해결 되었으면 좋겠다는 욕심도 있습니다. 이왕이면 상대가 나에게 끌려와주면 좋겠다고 생각을 하기에 그렇게 안 될까봐 이야기를 못하기도 합니다.

또 연애 기간에는 왜 그렇게 이별 공포가 큰지, 괜한 이야기 했다가 해결이 아니라 헤어지게 되면 어떻하지? 라는 생각도 큽니다. 참으로 사랑은 신경 쓸게 많네요.
그래도 안 좋은 감정이 깊게 쌓이기 전에 용기를 내야하고 어떻게 대화를 할지 연구도 해봐야 합니다.

이러나 저러나 자존심과 욕심은 지속적으로 내려놔야 합니다. 관계는 쌍방이기에 양보와 타협은 불가피합니다. 뭐 절망적인 결론도 대비하기도 해야겠죠.
여러 사례들을 지켜보면 감정이 쌓이기 전에 빠르게 소통하는 경우, 대부분 별거 아닌 일로 금방 해결 되는 경우가 훨씬 많습니다.

참고 감정을 쌓을 경우 오히려 확대 재생산 된 억측이나 왜곡이 눈덩이처럼 불어나서 본질과 진실에서 벗어나게 됩니다.

대화법을 익히셔도 좋겠습니다. 관계와 갈등 해결에 유익한 대화법들이 있습니다. 관련 전문가와 연구가 많이 나와 있으니 공부하고 익히셔서 아름답게 사랑을 가꿔 가시면 좋겠습니다.

Chapter3.
일상

내 삶을 지켜내는 습관들

1. 자꾸 미루는 습관, 어떻게 고칠 수 있을까?

보통 게으르다, 나태하다, 미룬다는 자신의 상태로 고민에 처한 분들이 있습니다. 그런데 실제로는 진짜로 게으르거나 나태하지 않은 경우가 많습니다.

그 안에 숨은 다른 원인으로 인해 겉으로 드러나는 현상이 게으르고 나태해 보이는 것이지요. 우리의 겉모습과 행동 방식은 근본적으로 내면의 상태에서 비롯됩니다.

내면의 상태가 있는 그대로 드러난다기 보다 포장하거나 감추거나 과장하거나 회피하는 등 자기를 보호하고 괜찮은 상태를 유지하기 위해 다소 해석이 필요한 방식으로 드러납니다.

개념 없고, 부족하고, 의지가 박약하고, 글러먹은 것이 아니라 이런 현상을 만들어내는 근본적인 이유가 있다는 거죠.
그런데 이런 이야기를 하면 핑계대는 것 아니냐, 합리화하는 것 아니냐고 합니다.
이미 난 놈들은 확실히 남 다르다고 합니다. 항상 빠릿빠릿 부지런하고 활기차고 의욕적인 종자들은 따로 있는 거 같고 나는 한심합니다.

그렇지만 코치로서 무수한 분들을 만나면서 확실하게 말씀드릴 수 있습니다.
부지런하고 활기차고 의욕적인 시기나 상태에 놓인 분들은 그럴 만한 이면과 원인이 있고 자꾸 미루고 게으른 것 같은 시기나 상태에 놓인 분들은 확실히 그럴 만한 맥락과 스토리가 있다는 것입니다. 단순히 존재의 잘 나고 못 나고의 문제가 결코 아니라는 겁니다.

그럼에도 대부분 게으르게 드러나는 자신이 못 마땅하기만 해서 위축감으로 이어집니다.

근본적인 해석과 해결책을 찾지 못하고 겉으로 드러나는 게으른 현상만 고치려고 하는 중에 역시나 고쳐지지 않고 제자리인 자신을 보면 갈수록 더 자기 비판과 혐오감이 커져만 갑니다.

코칭 철학에서는 굳이 고친다는 표현도 잘 사용하지 않습니다.
사실 우린 모두 고칠 것이 없거든요.
방향을 바꾸거나 새로운 시도를 해볼 수 있지만 잘못 되어서 고친다는 개념은 존재에겐 사실 어울리지 않습니다. 외적 비교기준, 세상의 일반적 잣대로 인해 나는 잘못 되었고 고쳐야 한다는 것은 사실 폭력적입니다.

그럼에도 자꾸 미루는 습관에 변화를 주고 싶다면 어떻게 해야할까요?
타인과의 비교, 세상의 잣대 말고 나의 편리함, 나의 상쾌함을 위해 삶을 다르게 접근해보고 싶은 바람이 생길 수 있으니까요.

내가 꼭 의지가 약하고, 마음 자세가 바르지 않아 미루는 걸까요?
나를 무섭게 채찍질 하고 강하게 쪼이면 바뀌어질까요?
사실 그렇지 않은 경우가 많습니다.
그전에 살펴야 할 것들이 있습니다.

1) 내 마음 상태 및 진심을 돌아보세요

무언가를 자꾸 미루는 데에는 단순히 내 의지와 정신력만의 문제가 아니라는 것을 정말 기억하세요.

우린 신체조건, 타고난 기질, 놓인 환경이 다 다릅니다.

그럼에도 자꾸 남과 비교를 하면서 자신을 다그치곤 합니다.
진심으로 자신의 내적 동기가 강렬한지도 봐야합니다.
남이 시켜서, 남들과 비교해서 하는 것 말고요.

대부분의 게으름, 나태함, 미룸 이면의 핵심 감정은 두려움인 경우가 많습니다.

두려움을 좀 더 자세히 살펴보면 상처, 후회, 슬픔, 실망, 무력감, 체념, 분노, 질투, 압박감, 혼돈, 자책 등 우리가 느끼고 싶어하지 않는 부정적 감정, 어둠이 강하게 드리워진 경우가 대부분 입니다.

따라서 내가 왜 미루게 되는지 진정 자신의 마음을 살펴보세요.

- 생각보다 오랜 시간 무리를 하면서 번 아웃 상태가 온 것은 아닌지
- 반복되는 좌절과 실망이 있어서 체념하거나 무기력 해진 건 아닌지
- 내가 진정 원하지 않는데 억지로 하게 된 것은 아닌지
- 주변의 지지와 격려가 부족한 것은 아닌지
- 눈치를 보고 있거나 두려움을 크게 느끼고 있는 건 아닌지
- 마음의 변화가 있는데 그 솔직함을 모른 척 하고 있는 건 아닌지
- 너무 빡빡하게 계획을 짠 것은 아닌지
- 난 자주 쉬고 놀면서 일해야 하는 것은 아닌지

2) 나를 바꾸려고 하기보다 주변을 바꿔보세요

나의 의지, 인내심, 정신력 등을 다그치기보다 나의 의지 및 기분에 긍정적인 영향을 미칠 수 있는 주위 환경을 조성하는 것이 더욱 효과적입니다.

- 자신의 솔직한 속내를 털어놓고 위로와 공감을 나눌 수 있는 사람들을 배치하기
- 나를 있는 그대로 지지하고 응원 해주는 사람들과 가까이 하기

- 비슷한 목적을 가진 사람들과 함께 약속하기

- 좋은 시, 현자, 성인들의 말씀, 명언을 눈에 보이게 적어놓기

- 깊은 상처와 상심, 좌절과 체념이 강하다면 반드시 심리 전문가를 찾아가기

- 주로 머무르는 공간을 상쾌하고 편안하게 연출하기 (가구 위치, 의자 모양, 조명 등을 바꿔볼 수 있습니다.)

- 아름답고 신선한 자연환경으로 나가 산책하며 기분 전환하기

- 잘 자고 잘 먹을 수 있는 환경부터 갖추기

자신을 다그치거나 엄격하게 대하지 말고 지혜롭게 방법을 궁리하세요. 감정적인 대응은 그다지 효과가 없습니다.

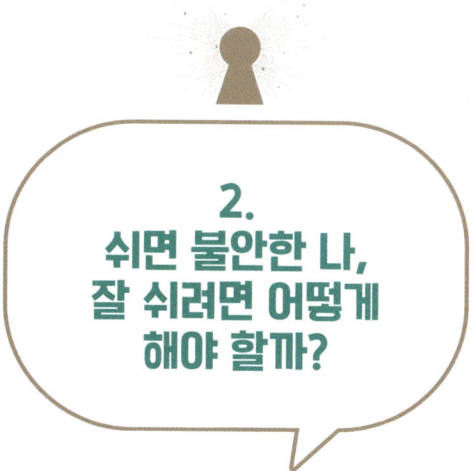

2. 쉬면 불안한 나, 잘 쉬려면 어떻게 해야 할까?

　현대인들의 흔한 모습입니다. 좀 능력 있거나 실력 있는 분들이 더 합니다. 나 요새 바쁘다는 것도 어느 정도 자랑거리입니다.

성실하고 열정적인 삶은 기본적으로 무기력한 삶보다 훨씬 좋지만 이 또한 지나치면 한 번 점검해 볼 필요가 있습니다.

코칭 시 이 부분을 고민하는 분들은 사실 비교, 눈치, 평판으로 인한 불안으로 이미 심정적인 어려움을 느끼게 된 상황입니다.

결국 외부 종속적인 감정인 셈인데, 그렇다면 자신의 주체적인 결정으로 열심히 일할 때는 일하고 쉴 때는 쉬는 것을 왜 수월하게 하지 못 할까요?

다른 고민들에서도 비슷하게 등장하는 내용들 이지만 지금 현시대의 분위기 속에 휩쓸려 다니다 보면 뭔가 상당히 쫓기고 조급한 마음이 자꾸 일어납니다. 그 어느 때 보다 먹고 살기 좋아졌고 의식주의 수준도 높아졌지만 여전히 생존의 공포에 위협을 느낍니다. 어쩌면 모두가 가난했던 시절보다 살기 좋아진 풍경 속에서 나만 뒤쳐지게 되었을 때를 상상하면 더 비참하다고 생각하게 되는 건 아닐까 싶습니다.

웬만하면 기초 교육은 다 받았고 대학도 기본이 되었습니다. 취업하고 돈 벌어서 집도 사야 하는 중에 멋져 보이는 경험까지 윤택하게 하는 것이 너무 당연하게 여겨져서 그 당연한 기본을 갖추기 위해서 바쁩니다. 그런데 한 술 더 떠서 좀 더 유능하고 좀 더 화려하고 좀 더 대단한 무언가까지도 해 내야 할 거 같기도 합니다. 왠지 다 나보다 잘나 보이는 사람들과 풍경 속에서 나는 왜소하고 부족한 것 같아 악착같이 힘을 내야 합니다.

결국 이 시대의 생존 공포는 정말 배 고프고 집 없어서 죽을까 봐 겁먹는 것이 아니라 심리적 죽음, 심리적 위협에 따르는 두려움이 지배적입니다.

내 기분이 더럽고, 좌절되고, 창피하고, 자존심 상하고, 박탈감을 느끼는 그것이 너무 두려운 거 같습니다.

좋습니다. 조금 더 높이 뛰어보고자, 조금 더 결실을 맺어 보고자 무리를 해볼 수도 있고 바쁘게 움직이려는 것 자체가 잘못 된 것은 아닙니다. 주변과 객관적 비교를 통해 나의 좌표를 확인하고 긍정적 자극을 받으며 동기부여도 하면 좋습니다.

단지 불안이 크고 잘 쉬지 못해서 몸이 힘들다면 지금은 다른 시선에서 상황을 봐야합니다.

- 정말 그렇게 계속 쫓아가야 할까요?
- 정말 나만 뒤쳐지게 되는 걸까요?
- 내가 좀 뒤쳐지면 정말 그렇게 무시당하고 비참할까요?
- 꼭 모두가 갖추고자 하는 그 기본이 필수 일까요?
- 사람들에게 대단하다는 평가를 받으면 정말 많이 행복할까요?
- 좀 쉬어서 무언가를 잃으면 다시는 기회가 없을까요?
- 쉰다는 것은 뭘까요?

보통 쉬지 못하고 자꾸 무언가를 하려고 하고 바쁘려고 하고 무리를 하는 사람들을 보면 그 자체로 사람들에게 뭔가를 보여 주거나 설명하려는 의도도 있습니다. 가까운 사람의 핀잔이나 비난을 듣고 싶지 않아서 나 이렇게 열심히 하니까 아무 말도 하지 마라는 의사표시 같은 거지요.

그리고 진정 중요한 것을 살피거나 직면해야 하는데 그것이 두려워서 일이나 바쁨으로 회피하는 경우도 많습니다. 너무 바빠서 미루고 있다고 생각합니다. 뭔가 하고 있다는 안도감, 뭔가 하고 있다는 당당함 속에서 자신이 문제 없다는 당위성이나 명분을 만듭니다. 그리고 꼭 살펴야 할 진짜 중요한 본질이나 진실은 외면하고 있을 수 있습니다.

또 뭔가를 하고 성과를 내는 맛에 너무 길들여져 있을 수 있습니다. 계속 생산적이고 뿌듯해야만 나의 가치가 있다고 여겨 질 수 있습니다. 나의 쓸모를 계속 확인해야만 살아갈 수 있다고 생각합니다. 타인들이 '역시 너야' 라고 판단하는 것을 유지할 때 마음이 편안합니다.

계속 뛰어야만 할 거 같아서 뛰다 보니 다른 상황이 낯설 수 있습니다. 이것을 잃으면 큰 일 날것도 같고 한 번 멈추면 완전히 퍼져버리는 건 아닐까 걱정도 됩니다.

뭔가 계속 하고 있다는 습관적 안도감에 중독되어 있다면 어떻게든 멈추고 잠시 아무것도 하지 않음에도 문제 없음을 느껴봐야 합니다. 아무것도 하지 않는 나, 쉬는 나를 바라보는 외부 시선에 대해서도 절대 위축되지 않는 연습이 필요합니다. 스스로가 확대 해석하는 경우도 많습니다. 그냥 뻔뻔하게 자신의 페이스와 주도성을 드러내야 합니다. 좋은 말만 들으려고 하지마세요.

아무것도 안 하고 있을 때 밀려오는 왠지 모를 불안과 공허함, 그 밋밋하고 지루한 맛 하고도 친해져야 합니다. 그 때 내 내면과 감정을 돌보는 시간입니다. 성찰과 통찰의 지혜를 얻는 시간입니다. 짜릿한 맛이 아니라 싱거운 맛도 건강에 필요합니다.
일을 하고 활동을 하는 것은 자극적인 맛입니다. 싱거운 맛으로 디톡스를 해주세요.

우리는 아무것도 하지 않고 아무것도 이루지 않고 앞서거나 화려하지 않아도 충분히 괜찮은 존재입니다. 이미 괜찮은 존재인 내가 세상에 여행 와서 이런 저런 것도 경험하고 이뤄보는 것 뿐입니다. 지금은 분명 살기 좋은 시대이기도 하니 가만히 나를 가라 앉히고 누릴 수 있는 것들을 음미 해보세요.

1) 타인과 외부의 정보를 보지마세요

　나의 역량을 발휘하고 성실하게 열심히 살다가도 반드시 휴식 시간을 정기적으로 가져야 합니다. 이렇게 쉬기로 결정했다면 바깥 세상에 대한 관심을 완전히 차단하세요. 다른 사람들이 어떻게 하고 있는지 세상이 어떻게 돌아가고 있는지 외부를 보지마세요.

사실 바쁘게 움직일 때도 웬만하면 타인과 외부 정보를 너무 자주 알려고 하지 않는 것이 낫습니다.

외부 정보가 가장 필요할 때는 일을 시작하는 초기 단계 정도인 거 같습니다. 외부와 견주어서 나의 객관적 좌표를 파악하기 위해서는 오히려 반드시 자료 조사나 타인들의 흐름을 비교 분석 해야 할 수 있습니다.

그리고 사람들과 어울릴 때 좋은 자극만 받으면 좋겠습니다. 타인과 비교하면서 위축감으로 확대 시키는 것을 경계하는 연습이 필요합니다. 쟤가 했다면 나도 할 수 있겠구나 하는 가능성 확인 및 동기부여의 긍정적 자극만을 활용하세요.

어쨌든 남들이 어떻게 사는지 기웃거리는 것을 최소화 하는 것이 매우 중요합니다.

나를 걱정하거나 핀잔을 줄 거 같은 사람들과의 연결도 최소화 하시면 좋겠습니다.

나를 자꾸 설명해야 할 거 같고 보여줘야 할 거 같고 사랑 받아야 할 거 같은 존재들과의 연결을 느슨하게 하세요. 그들에게는 그냥 항상 웃으면서 잘 지내고 있는 모습으로만 보이세요. 진실을 보인다기보다 나의 좋은 점만 보이세요.

이렇게 모든 주도권을 나에게 돌려놔야 합니다.

타인 종속적인 사고방식으로 끌려가고 있는 나에서 모든 것을 내가 주무르는 상태로 돌려놓는 것부터 해야 마음 편하게 내 인생을 쉴 때 쉬고 뛸 때 뛸 수 있습니다.

2) 마음이 쉬도록 하세요

 몸이 누워 있어도 마음이 쉬지 못하면 아무 소용이 없습니다.
마음이 쉰다는 것은 한편으로 뇌세포가 쉰다고도 볼 수 있습니다.
특히 생존을 담당하는 좌측 뇌가 쉬어야 합니다.

나의 안전을 신경 쓰고 나의 유능함을 신경 쓰는 좌측 뇌가 완전히 휴가를 떠나야 합니다.
그러려면 우뇌가 활성화되어야 하는데 즐겁게 놀며 오감의 기쁨을 누리는 시간과 이 조차 쉬면서 평온하게 명상을 하는 시간으로 나눌 수 있습니다.

우뇌가 활성화되는 시간에 자꾸 좌뇌의 불안이나 엄격함이 깨어나려고 하면 잘 알아차리고 반복적으로 진정시켜 주세요.

맛있는 음식을 먹고 친구랑 영화를 보는데도 일 생각이 나고 불안해지면 그걸 알아차리고 '좌뇌야 쉬렴' 하고 말해주세요.

산 좋고 물 좋은 곳에서 고요하게 명상을 하는데 괜시리 복잡한 마음이 올라오면 그걸 알아차리고 '좌뇌야 쉬렴' 하고 말해주세요.

자꾸 자꾸 훈련을 하면 좌뇌도 말을 잘 듣고 제대로 쉬면서 오히려 충전을 하고 신선하게 리셋됩니다.

과열된 좌뇌에서 열기가 빠지면 불안한 마음, 엄격한 마음도 잦아들면서 다시 일로 복귀했을 때 훨씬 기분 좋고 능률 좋게 집중하게 된답니다.

마음이 쉬는 법을 잘 익히길 바랍니다.

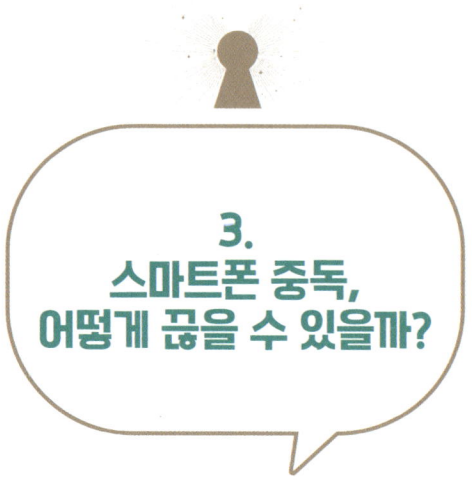

3. 스마트폰 중독, 어떻게 끊을 수 있을까?

　얼마 되지 않은 디지털 역사 속에서 모든 인간의 필수품이 되어버린 스마트폰. 분명 편리함과 유익함으로 인간의 삶을 윤택하게 만든 부분이 더 강력하나 모든 장점에는 단점이 동반되고 잘못 사용하면 독이 됩니다. 사실 스마트폰 중독으로 고민이 시작 되었다지만 스마트폰이라는 매개체를 문제 삼거나 파헤치기보단 중독이라는 상태에 주목 해봐야 할 거 같습니다. 우리를 중독 시키는 것은 스마트폰 말고도 많으며 중독에서 벗어나는 법은 대부분이 다 비슷합니다.
그렇다면 우린 주로 무엇에 왜 중독되는 걸까요?

우선 이번 고민에서도 책 한 권을 소개하며 안내를 이어가보도록 하겠습니다.

뇌졸중에 걸린 뇌 과학자라는 사연을 가진 질 볼트 테일러의 저서 [나를 알고 싶을 때 뇌 과학을 공부합니다][6]는 뇌 과학 지식을 일상에 쉽게 적용하도록 쓰여진 대중서 중 하나입니다.

뇌를 조금 단순화 시켜 크게 이해함으로써 우리 삶을 좀 더 건강하게 만들어 가는 빠른 방법으로 연결 할 수 있습니다.

이 책에 의하면 우리의 뇌 구조는 크게 4개의 영역으로 구분됩니다.
좌측 변연계, 좌측 신피질, 우측 변연계, 우측 신피질.
뇌간, 소뇌를 비롯, 어떤 각도로 접근할 것이냐, 구석구석 세분화된 영역의 긴밀한 작동 원리는 이 4영역으로는 다 설명할 수 없습니다.

이 책을 접하신 후 좀 더 궁금하신 분들은 파도 파도 끝이 없는 뇌 신경세포의 연구와 공부에 관한 또 다른 전문가들의 해석과 적용을 살펴보시기를 추천드립니다.

우선 중독 증세를 이해하고 자신의 삶을 건강하게 가꾸기 위한 방법을 찾는 정도에는 4개 영역의 뇌 구조를 살펴보는 것 만으로도 충분합니다.

---

6. 질 볼트 테일러 지음, 진영인 옮김 [나를 알고 싶을 때 뇌 과학을 공부합니다], 월북, 2022.

보통 우리를 중독 시키는 것들은 기쁨과 즐거움, 쾌감을 줄 수 있는 성격을 갖고 있다는 건데요, 너무 좋아서 빠져들었는데 조절을 하지 못하면 최종적으로는 고통으로 연결될 수 있다는 안타까움이 있습니다.

우리에게 무엇이 기쁨과 쾌감을 줄것인가를 찾아내는데 총력을 다하는 뇌 영역이 우측 변연계 입니다. 좌측 변연계가 위험을 감지해서 안전하도록 돕는다면 우측 변연계는 위험으로부터 우리를 시키느라 삶이 고된 우리들에게 살 이유를 선사할 세상 좋은 것들만 찾아냅니다.

달콤한 맛, 향기, 예쁜 것, 아름다운 소리, 기분 좋은 느낌, 즐겁고 짜릿한 경험 등 감각적으로 쾌감을 느낄 수 있는 것, 자극적이거나 흥분되는 체험을 발견하여 생존하느라 힘든 인생을 살맛 나게 만들어 주는 영역이죠.

모든 포유류가 갖고 있는 변연계랑은 다르게 신피질 영역은 인간에게만 있는 영역으로 조금 더 차원 높은 사고와 판단을 하는 뇌 영역입니다. 중독 증세를 끊어내기 위해 매우 필요한 영역입니다. 좌측 신피질은 논리적이고 분석적이고 이성적인 판단이 가능하고 우측 신피질은 신성한 우주적 연결과 함께 통찰력과 지혜를 발휘하는 곳입니다.

정리를 하자면 중독 증상과 긴밀한 관련이 있는 우측 변연계를 어떻게 관리할 것인가, 어떻게 사용할 것인가가 관건입니다.
삶이 살만 하다는 만족감을 주는 보상 호르몬이 도파민인데 우리에게 이 기쁨과 쾌감의 도파민이 어떤 방식으로 제공될 것이냐에 따라 건강한 삶이 결정됩니다.

쉽게 요약해보자면 저급 도파민과 고급 도파민으로 나눠 접근해볼 수 있습니다. 저급 쾌락, 고급 쾌락으로 표현해 봐도 되구요. 물론 저급, 고급 모두 중독 증세는 있을 수 있습니다.
매개체를 통해 얻는 쾌감이라는 것은 조건부이고 일시적일 수 밖에 없습니다. 고급 조차도 그 경험대상이 사라지면 쾌감도 사라집니다. 우측 변연계가 추구하는 기쁨과 쾌감은 이러나 저러나 다소 허탈할 것임을 인정해야 하고 관리와 조절이 필요합니다.

저급 도파민은 애쓰지 않고 수동적으로 빠르게 섭취하는 쾌감입니다. 쉽게 빠르게 기분이 좋아지는 것들이지요. 대표적으로 맛있는 음식, 특히 달콤하고 자극적인 음식이 있습니다. 다음으로 술, 담배도 문제의 중독 중 하나이지요. 요새는 마약 또한 쉽게 노출 될 수 있어서 경계가 필요합니다. 성적 만족 중에서 관계의 정성을 생략하고 자극적인 동영상과 마스터베이션도 저급 도파민에 속하겠죠. 그러면서 최근 들어 저급 도파민에 스마트폰 중독이 추가되었습니다.

스마트폰을 보다가 몇 시간이 훌쩍 지나갔어요. 이렇게 말씀들을 하실 때 그럼 스마트폰으로 뭘 하는 거길래 우리가 염려하는 걸까요? 깊이 생각할 필요 없이 순간적인 웃음과 시각적 만족을 자극하는 짧은 동영상들을 걱정하십니다. 전후 상황의 맥락도 모르고 기억에 남지도 않는데 신기하게 1초, 1초는 즐거운 거 같습니다. 낮에 있었던 자존심 상했던 일, 화 났던 일들을 잠시 잊고 순간 삶이 괜찮아 보입니다.

SNS를 보면서 인플루언서나 전문 크리에이터들이 작정하고 만든 믿거나 말거나 정보, 시각적 만족에 치중한 화려한 이미지들을 보면서 그냥 침을 흘립니다. 낯선 새로운 사실이나 장면들을 보면서 호기심과 신선함이라는 재미가 분명 있지만 나는 애쓰지도 않고 깊이 생각하지도 않고 수동적으로 빠르게 자극을 흡수하기만 합니다.

문제는 이렇게 노력 없이 빠르게 얻는 도파민은 도파민 수용체를 망가뜨립니다. 과도한 도파민을 조절하고자 변형된 수용체는 다음에 비슷한 경험으로 도파민을 얻으려고 할 때 도파민을 받아들이지 못해서 만족감이 약해지고 더 세고 더 강한 걸 찾아야 합니다.

망가진 도파민 수용체는 일상적이고 담백한 상황에서 알맞은 기쁨을 감지하지 못하기에 아무 자극도 없는 밋밋한 상태를 불쾌하고 불안하다고 느끼게 됩니다.

오히려 스트레스 호르몬인 코르티솔이 또 과다 분비 됩니다. 자극과 쾌감에 집착하다가 그 대상이 없어지면 상대적으로 기분이 확 나빠지는 상황을 반복하게 되는데 이것이 중독 상태인거죠.

그리고 변연계 중심의 손 쉬운 저급 도파민을 추구하며 쾌감을 느끼면 사고 기능을 하는 신피질 전두엽이 아무 활동을 하지 않습니다.
저급 도파민 생활이 일상화 되면 사고 기능이 상당히 떨어지게 됩니다. 아무 생각도 안하고 아무 노력도 없이 자극에만 젖어 있으면서 신피질 세포들이 모두 기능을 멈추게 됩니다.

그러면서 "집중력이 떨어졌어요" "난독증이에요" "자꾸 까먹어요" 이런 말씀들을 하게 되는 거죠. 인간이 나아갈 수 있는 고차원적인 무한한 가능성들이 축소됩니다. 튼튼한 정신의 힘이 없으니 무기력해지고 더 불안해 질 수 있습니다. 대부분 장기화 되면 몸도 망가집니다.
그렇다면 고급 도파민은 무엇일까요? 고급 도파민조차 조절이 필요하다지만 한 번 태어난 인생 고급 도파민으로 살맛 나는 짜릿한 경험을 하긴 하셔야겠죠?
저급 도파민이 아무 애씀 없이 수동적으로 빠르게 얻는 쾌감이라고 말씀 드렸다면 반대로 고급 도파민은 능동적으로 애써서 천천히 얻는 쾌감이라고 바꿔 말 할 수 있습니다.

가만히 누워서, 가만히 앉아서는 고급 도파민은 불가능합니다. 사지 육신, 전두엽의 사고 기능을 사용해야 합니다.

등산은 고급 도파민입니다. 정상까지 올라가는 동안 몸을 움직이고 머리도 씁니다. 그렇게 애써서 올라갔더니 기분 째집니다. 경치 좋고 공기 좋은 곳 까지 가는 동안 도파민은 천천히 분비됩니다. 사실 애쓴다, 노력한다는 것은 어느 정도의 고생, 고통스러움을 동반한다는 의미입니다.
과정 상의 고통, 기다림을 견딘 후에 기쁨과 쾌감을 느껴야만 건강하게 삶을 유지할 수 있다는 거죠.

요리도 고급 도파민입니다. 당 중독, 밀가루 중독 등 디저트 매니아들도 직접 빵을 구워 먹는다면 상황은 달라집니다. 두어 시간 반죽하고 오븐에 굽는 과정 속에서 전두엽이 살아있습니다. 기다림으로 얻은 쾌감은 생각하면서 음미하기에 또 빠르게 반복적으로 원하지 않습니다. 도파민 수용체도 변형되지 않습니다. 상대적 불안으로 코르티솔이 나오지 않고 전두엽이 짱짱하므로 무기력해지지 않고 의욕이 살아납니다.

결국 최고의 도파민은 성취 도파민 입니다.
직접 몸을 움직이고 머리를 써서 얻어내는 기쁨을 훈련해야 합니다.

익숙해지면 좀 힘든 것이 할 만합니다.
악기를 배운다거나 목공을 배운다거나 춤을 배우는 것은 모두 성취형 고급 도파민입니다.

일주일에 꼭 한 권의 책 읽기, 3개월 동안 일본어 초급 마스터 하기, 운전면허 따기 모두 고급 도파민입니다. 남들에게 보여주기 위해서가 아니라 저급 쾌락이 나를 괴롭게 만들 거라는 걸 알고 나의 건강한 쾌락을 위해 버킷리스트를 만들어 보세요. 도전하고 몰입하는 일정들을 짜보세요.

그럼에도 또 경고하지만 성취형 고급 도파민도 중독 될 수 있습니다.

따라서 항상 강한 경험과 기쁜 상태여야만 한다는 강박과 집착을 내려놓는 연습이 필요합니다.
짜릿한 쾌락만이 아닌 밋밋하고 고요한 평온과 기쁨의 맛도 경험하면 충분히 알게 됩니다.

이 부분은 우뇌 신피질 영역이 담당하고 명상을 통해 깨워낼 수 있습니다.

1) 고급 도파민으로의 전환을 위한 강력한 조치를 취하세요

중독과 집착, 의존 등이 심해서 무기력과 우울한 기분이 강화되고 일상 생활이 어렵다면, 해야 할 중요한 일들을 다 미루거나 잊는다면 전문가의 도움을 받아서라도 단호하게 단절하면 좋겠습니다.

이 정도로 중독적이진 않지만 가까이 있어서 자꾸 유혹이 되고 건강한 기쁨을 만들어내는 나만의 방법을 찾지 못하셨다면 지금이 기회입니다.

어떤 전문가가 쾌락을 쫒지 말고 좋은 고통을 쫒으라고 말씀하신 것을 봤습니다.
좋은 고통이 결과적으로 고급 도파민, 고급 쾌락으로 우리를 인도할 것이라는 것을 믿으세요. 우리가 조금만 길들이고 습관을 바꾸면 그렇게 힘들고 어려울 것 같은 것들이 할만 해 집니다.
해낼 만한 것들이 많다는 기분이 든다는 건 자신에 대한 확신, 자신감 등 튼튼한 내면의 토대가 됩니다. 타인에게 보여 주거나 과시하고자 무언가를 해내는 것이 아니라 나의 진정한 기쁨을 위해 능동적으로 애쓰고 노력함으로써 얻는 쾌감에 적극적으로 발을 들여놓으세요.

배우고 익히고 도전하는 성취 도파민으로 전환하세요.
술을 좋아한다면 술을 공부하세요. 술을 만드는 법을 배워서 만들어 드세요. 자격증도 따보세요. 짧은 동영상의 매력을 안다면 직접 만들어 보세요. 유익하고 의미 있는 콘텐츠 크리에이터가 부케가 될 수도 있으니까요.

의욕은 자꾸 의욕을 부릅니다. 의욕적인 재미로 신바람 나는 인생 사시면 좋겠습니다.

2) 아무것도 없는 것에서의 충만함을 깨우는 명상을 일상화 하세요

그럼에도 도파민은 대상이 있는 조건부의 일시적 만족임을 명심해야 합니다. 고급 도파민이어도 운동 중독, 요리 중독, 성취 중독으로 나아갈 수 있어요.

생산적이고 뭔가 하고 있다는 만족감, 계속 기쁜 상태여야만 만족스럽다는 집착을 만들어 낼 수 있습니다. 취미 골프로 시작해서 상을 몇 번 받으니 계속 상을 받고 싶어집니다. 메달을 수여 받은 날에 하늘을 날 듯 기뻤는데 막상 다음날이 되면 허전하지요.

그래서 재빨리 또 뭔가를 도전하려고 합니다.
영광을 누려본 사람이 자꾸 그 영광을 유지하려는 마음, 좋은 시절, 좋은 경험을 계속 이어가고 싶은 욕심, 이런 본성도 잘 살펴야 합니다.
계속 좋고 싶은 마음을 내려 놓고 아무 것도 없는 고요함이라는 또 다른 실체로 눈을 돌릴 때 입니다.

이럴 때 우리에게 더 높은 차원의 충족과 평온함을 선사하는 것이 자연입니다. 대자연의 광활하고 무한한 경외로움에서 우리를 감싸는 큰 만족으로 에너지를 받습니다. 아무 것도 안해도 다 괜찮다는 우주적 감각의 세포가 활성화 됩니다. 신성하고 오래된 장소를 방문하거나 지혜와 통찰을 가진 성인들의 말씀에 귀 기울이며 명상을 하는 것이 우리의 단순한 쾌감을 넘어 축복감을 줍니다.

이렇게 가만히 고요히 있음에도 괜찮을 수 있는 지각과 힘을 알면 적당한 도파민적 쾌감과 병행할 수 있습니다. 즐거움을 추구할 때 몸이 고생을 하니까 잘 쉬어줘야만 또 다시 즐거운 경험으로 나아갈 수 있습니다. 끌려가는 것이 아니라 내가 통제하면서 선택하는 즐거움이 됩니다.
밋밋하고 심심한 평온함과 짜릿하고 신나는 쾌감까지 모두 누릴 수 있는 튼튼한 사람이 됩니다.

4. 왜 이렇게 자주 아플까?

감기를 자주 걸려요. 해마다 독감이 무서워요.

편도염, 방광염, 장염 같은 것을 달고 살아요.

허리가 자주 아파요.

젊은데 대상포진에 한 번 걸리더니 자꾸 재발해요.

소화를 잘 못 시키고 자꾸 체해요.

편두통이 너무 심해요.

과민성 대장증후군이래요.

불안, 공황, 우울 등의 정신적 고통을 호소하는 경우도 있지만 스스로 심리적인 것은 괜찮다고 여기고 있고 정신 질환으로 연결되진 않는데 신체적으로 자주 아픈 분들을 만납니다.

보통 신체적 질병으로 드러나면 면역력이 약하고 허약하다는 판단에서만 멈추고 자신의 정신건강, 마음 상태를 돌아보려고 하진 않습니다.
그런데 코칭을 진행하다 보면 신체적으로 자주 아픈 분들은 결국 마음이 아프거나 오랜 스트레스 상황에 놓인 경우가 대부분입니다.
몸이 좀 약하게 태어났거나 집안 대대로 어떤 부위가 약점인 경우도 있시만 결국 그런 상황에서 얼마나 자주 아픈가로 연결해보면 심리적인 부분과 직결됩니다.

두려움, 공포, 분노, 불안, 우울, 무기력 등의 부정적 감정을 오래 느끼면 이 감정을 관장하는 뇌 부위인 변연계의 편도체가 과잉 활동을 하고 있다는 것인데 편도체의 과잉 활동은 스트레스 호르몬인 코르티솔을 과다 분비 시킵니다. 코르티솔이 과다 분비되면 몸은 근육과 심장에 모든 에너지를 쏟고 면역기능, 소화기능, 사고기능은 일시 중단 시킵니다.

이 이유는 원시 부족부터 연결되는 오래된 유목민 생활 때문입니다.

당시에 인간이 가장 조심해야 할 존재는 맹수들 이었고 맹수가 있을 법한 곳이라고 느껴지면 젖 먹던 힘까지 끌어다 도망을 가려고 근육과 심장에 에너지를 몰고 소화기능, 면역기능, 사고기능은 잠시 멈추도록 하는 것이지요. 그렇게 있는 힘껏 도망을 가게 되면 보통 1-2분 안에 상황은 결정이 납니다. 잘 도망 갔거나 잡혀 먹혔거나. 잘 도망 갔다면 이제 신체 기능은 다시 정상화 됩니다. 소화력, 면역력, 사고력이 수분 내에 원상 복귀 되는 것이지요.7)

하지만 현대인들의 스트레스는 이렇지 않다는 것입니다.
입시, 취업, 승진, 관계 스트레스 등, 장기적으로 시간을 가지고 풀어야 할 과제들이라 빨리 도망가서 1-2분 내에 다시 몸 상태를 정상화 시키는 것이 불가능합니다.

그렇지만 인류가 유목민 생활을 원체 길게 하고 문명의 발전과 정착 생활은 그에 비해 너무나 짧은 역사를 갖고 있기에 뇌는 여전히 원시적으로 작동하고 있습니다. 여전히 당장 도망가려고 하는 방식으로 몸이 반응하면서 코르티솔은 1-2분이 아닌 장기적으로 분비가 되고 소화기능, 면역기능, 사고기능은 정상적으로 작동하지 않는 상황이 오래 지속되는 것이지요.

7. 김주환 지음, [내면소통], 인플루엔셜, 2014, P36.

이렇게 우린 만성 스트레스의 상황에 놓이게 되고 근육은 뭉치고 몸은 뻣뻣하고 신경은 예민한 상황에서 소화불량, 자가면역질환, ADHD등의 사고 기능 저하가 흔해졌습니다.

지금은 신체적 위협보다 장기적으로 다뤄야 할 심리적 위협이 일반적인 상황인데 몸은 아직도 신체적 위협으로부터 당장 자신을 보호하는 방식으로 반응하고 있습니다.

대학 못 가서 창피할까봐, 취업 안 되서 돈을 못 벌까봐, 돈 없어서 고생할까봐, 누군가에게 무시 당할까봐, 자존심 상할까봐 느끼는 두려움, 불안, 분노, 우울 등은 모두 심리적 위협으로 인해 발생하는 것인데 뇌가 당장 도망가려는 방식으로 반응을 하면서 신체 건강이 악화되는 상황이 된 것입니다. 즉 심리적으로 겁을 먹는 상황에서 몸이 망가지게 됩니다.

몸이 아프다면 잘 자고 잘 먹고 운동하는 신체 관리는 당연하고요, 심리적인 부분에도 관심을 갖고 안정화 하는 방법 또한 필히 찾으셔야 합니다.

1) 반드시 나의 마음 상태, 스트레스 상황을 짚어보세요

오랜 상처, 억울함, 트라우마 등이 있어서 공포와 분노를 느끼는 특정 상황이 있는지, 한계에 도달했음에도 억누르며 무리하고 있는 일이 있는지 아주 세심하게 살펴야 합니다.

다들 이 정도 상처는 있는 거 아냐? 다들 이 정도 스트레스는 받으면서 살아가는 거 아냐? 이런 식으로 치부하면서 강해지자, 더 힘을 내자 이러지 마세요.

아주 사소한 상처로 인간은 죽기도 하고 결국 무리하며 스트레스 받다가 큰 병에 걸립니다.

그리고 다들 그러고 산다면 모두 다 상처를 치료하고 스트레스 상황을 멈춰야 하는거죠. 모두가 아프니까 나도 아프게 살아야 한다는 논리는 말도 안되니까요. 우리 모두 아프고 힘들다면 모두 아프지 않고 힘들지 않도록 방향을 바꿔야 합니다.

정신 건강을 점검해서 코르티솔이 과다 분비되는 것을 빠른 시간 내에 막아야 합니다.

그래야 신체도 건강해집니다.

2) 나만의 감정관리, 스트레스 관리 법을 반드시 찾으세요

부정적 감정을 긍정적 감정으로 바꾸기 위한 건강한 방법들이 있습니다.
한 동안 어쩔 수 없이 견뎌야 할 스트레스가 있다면 스트레스를 건강하게 푸는 시간도 꼭 챙겨야 합니다.

머리를 비우는 시간, 솔직한 감정을 표현하는 안전한 교류, 재미있는 놀이, 스트레스가 풀리는 취미활동, 인산과 자신을 이해할 수 있는 배움의 시간, 사람을 평온하고 안정적으로 만드는 신성한 장소 방문, 명상과 운동 등 몸과 마음이 휴식을 취하며 자신을 따뜻하게 돌보는 시간이 매우 자주 필요합니다.

중요하고 바쁜 일들을 처리하는 시간만큼 자신의 신체와 정신을 관리하고 돌보는 시간을 거의 동일하게 가져야 할지 모릅니다.

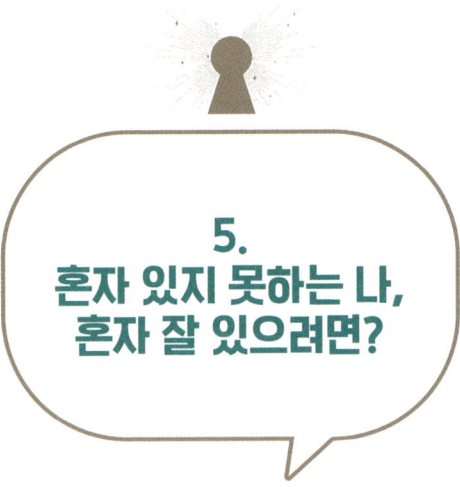

5.
혼자 있지 못하는 나, 혼자 잘 있으려면?

"학교에 있다가, 직장에 있다가 집에 가서 혼자 있으려면 갑자기 기분이 너무 이상하고 안 좋아요. 그래서 친구에게 또 전화를 한다거나 누군가와 더 있을 궁리를 해요."

"주말에도 조용히 집에서 쉬지 못하고 놀러 나갑니다. 누군가와 함께 있을 때 마음이 가장 편해요."

생각보다 흔한 증세이죠? 내향형 이라도 이런 경우가 있습니다. 이유는 다양합니다.

자신의 마음을 알아주는 사람들을 너무 귀하게 찾아냈다거나 나랑 잘 맞는 친구들, 동료들을 너무 오랜만에 만나게 되어서 그 시간을 놓치고 싶지 않을 수 있습니다. 편안하고 소중한 사람들과는 자꾸 더 있고 싶어지는 것이 당연하겠죠.

애정하는 연인이든, 잘 통하는 단짝 친구든, 사랑하는 가족이든 함께 있어서 너무 행복하고 든든하면 자꾸 붙어 있고 싶을 겁니다.

인간은, 생명은 혼자서는 잘 못 살아 남습니다. 연결되어 있다는 확인, 자각으로 안정감을 느끼고 살 이유를 찾습니다.
실제로 의욕이 상승하거나 시너지가 나서 삶을 더욱 풍요롭게 가꾸게 되지요. 고립감, 단절감, 이탈감은 조기 사망 위험을 26%나 높인다는 연구 결과도 있습니다.

그럼에도 왜 혼자 있지 못하는 걸 또 고민할까요?
누군가와 같이 있을 때 정말 좋다는 이유로 자신의 중요한 것을 놓칠 수 있습니다.
심리적으로 상대에게 너무 의존한다거나, 또 혼자 있을 수 밖에 없는 시간에도 불안해서 아무 일도 할 수 없다면 분명 이 또한 문제라고 느끼겠죠? 누군가와 함께 할 때도 혼자 있을 때도 둘 다 편안할 때 스스로 만족감이 클겁니다.

굳이 혼자 있을 때 이상한 기분이 든다거나 불안한 느낌이 강해지는 이유는 뭘까요?

혼자 있는 것에 대해 익숙하지 않아서 그럴 확률이 높습니다.
타인과 함께 할 경우 내가 그들과 어떤 방식으로 있을 것인가는 얼결에 생각해 보았습니다.
친구들과 있을 때, 가족들과 있을 때, 연인과 있을 때 나를 어떻게 연출하고 말을 어떻게 하고 어떤 태도를 설정할지 생각해보고 써먹어 봤다는 거죠.

그런데 혼자 있을 때 나는 어떻게 존재할 것인가? 혼자 있다는 말을 다르게 표현하면 내가 나와 있는건데, 내가 나와 있을 때는 나를 어떻게 연출하고 어떤 태도로 있을지 한 번도 생각해보지 않았을 수 있습니다.

혼자 있게 되면 내 내면, 내 마음이 나에게 말을 걸 수 있습니다.
꼭 다중인격마냥 내 속에 너무 많은 내가 나에게 뭐라고 뭐라고 속삭일 겁니다.
사람들과 있을 때는 그들과 교류하고 있으니 내 마음은 바쁜 나에게 어떤 말을 하지 않습니다.
말을 했어도 내가 못 들었을 수 있구요.

혼자 있을 때는 기다렸다는 듯이 밀린 이야기들을 나에게 털어 놓을 수 있습니다.

듣는 입장에서 내 마음의 소리들이 당황스러울 수 있습니다.

듣고 싶은 소리 말고 듣기 싫은 소리도 있을 수 있고 잘 모르겠거나 헷갈리는 소리도 있을 수 있습니다. 명확하지 않고 추상적일 수도 있습니다. 중요한 마음의 소리는 강력하게 외치거나 울부짖을 수도 있는데 내 마음과 대화를 하는 방법을 생각해 보거나 연습하지 않으면 혼자 있을 때 이런 것들을 어떻게 다뤄야 할지 당황스럽습니다.

내 마음의 소리를 듣다보면 창피하거나 후회스럽거나 화가 나거나 속상하거나 의심스럽거나 충격적일 수도 있는데 사실 진정 두려운 것은 이러한 진실된 감정을 알게 되는 것일 수 있습니다.

사람들과 어울리는 동안은 예의 차리고 상대를 배려하고 좋은 분위기를 유지하고자 그냥 넘겼을 수 있는 내면의 진실이 혼자 있는 동안 알아차려 질 수 있습니다.

사실 이런 의미에서 혼자 있는 시간은 참으로 중요합니다.

단순히 혼자 있을 수 있어야 한다는 문제를 넘어서 오히려 적극적으로 혼자 있는 시간을 챙겨야 합니다.

혼자 있는 시간은 나의 내면, 마음과 만나는 시간이고 결국 나를 만나는 시간이고 나의 진실에 귀 기울이면서 나를 보살피고 성찰하는 시간입니다.

내가 나와 잘 있다는 것. 어쩌면 세상 최고로 든든할 겁니다.
나는 나와도 잘 있고, 타인과도 잘 지내는 사람. 이 만족감으로 나아가야겠죠.

1) 혼자 있을 때 더 잘 들리는 내 마음의 소리들과 친해지기로 작정하세요

혼자 있어야만 크게 들리는 내 마음의 소리들에 좀 당황스럽더라도 엄마가 나를 안아주듯 내가 나를 안아주는 마음으로 가만히 듣고 있어주세요. 말하는 나와 들어주는 나를 분리해서 상상을 해보세요. 혼자 있는 것이 아니라 둘이 같이 있는 겁니다.

듣고 싶지 않은 말 같기도 하고 무슨 의미인지 잘 모르겠어도 일단 지긋이 바라보며 어떤 말이든 해보라고 웃어주세요. 무슨 이야기를 할지 겁먹지 마세요. 듣다 보면 생각보다 괜찮습니다. 별거 없기도 할 수 있구요.

의외로 반가운 이야기들, 감동적인 이야기들도 나타납니다.

나의 마음을 이리 보고 저리 보면서 익숙해지면 어떻게 다뤄야 할지도 조금씩 감이 잡힙니다.

연인과 사귈 때도 처음에는 좀 긴장하고 어색한데 매일 조금씩 데이트 하면서 서로를 알아가고 이해하게 되듯 내 마음도 그렇습니다. 내가 나와 데이트 하며 서로를 알아가고 이해해 가며 사귀기로 하세요. 그렇게 친해집니다. 생각보다 달콤하기도 합니다.

2) 가만히 속삭이는 내 마음 속의 소리와 감정들을 글로 적어보세요

말하는 나와 듣는 나를 좀 더 명확하게 바라보면 마음이 더 편해집니다. 그 방법은 글로 적는 겁니다.

듣기 싫은 소리, 창피함이나 의심스러움도 막연히 상상할 때 보다 글로 적어 구체적으로 바라보면 신기하게 별거 아니라고 느껴지거나 해결책이 찾아집니다. 변연계의 감정 영역과 전두엽의 사고 영역이 서로 만나면 현명하게 다루는 지혜와 아이디어들이 떠오릅니다.

이 과정에서 내가 내 마음을 알아주고 보살펴주게 되며 위로하거나 칭찬하거나 감사하거나 감동하게도 됩니다. 후회스러운 일은 반성도 하고 좀 더 나은 미래를 계획하게도 됩니다.

이렇게 내가 나와 잘 있으면 내면의 힘이 길러집니다.
든든하고 튼튼한 나로 인해 다시 타인들과 어울릴 때도 더욱 개방적이고 적극적이 될 수 있습니다.

언제나 말씀드리지만 글로 적으세요.
적는 행위는 정말 마법과도 같아요.

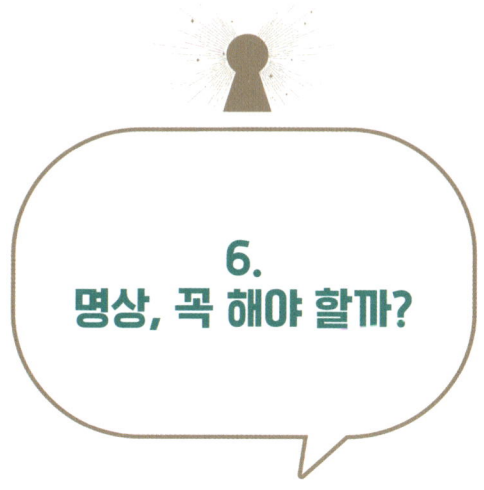

6. 명상, 꼭 해야 할까?

네, 꼭 해야합니다.

명상이라는 단어를 모르는 분들은 없고 실제 명상 행위나 방법론도 다채롭게 알려지고 있지만 신체 운동만큼 일상화 되고있진 않는 거 같습니다.

유독 한국에서 더 그런 것도 같아요. 종교적으로 바라보거나, 특별한 사람만 하는 것이라고 여기거나 도인, 기인들의 활동으로 여기는 경향이 강한 거 같습니다.

코치로서 제 인생을 관리하든, 사람들의 삶과 정신을 안내하든 저에게 명상 또한 주요 개념이자 도구입니다. 사실 코칭 과정 자체도 명상의 일환으로 볼 수 있습니다.
그렇다면 명상이라는 개념과 활동을 조금 더 가깝고 적극적으로 인지할 필요가 있습니다.

"명상이 너무 어려워요." 라고 말씀하시는 분들에게는 어렵다고 느끼는 그 자체가 맞다고 말씀드리고 싶습니다. 운동 또한 땀 한 번 흘리려고 하면 꾀가 납니다.
역치를 넘겨서 운동의 강도를 높이려고 하면 힘이 듭니다.
힘이 들고 꾀가 나는 그 감정이 명상할 때도 똑같이 일어납니다. 힘들고 꾀가 나도 운동을 하듯, 어려운 거 같고 꾀가 나지만 명상을 하는 겁니다.

그렇다면 명상이란 정확히 무엇을 말하고 무엇을 목적으로 하는 걸까요?

명상은 '나' 라는 정체성, 개체의 생존에 집중하는 좌뇌의 활동을 잠시 멈추고 나를 포함한 주변 세계, 나와 연결된 우리, 더 나아가 우주까지 인지하는 우뇌의 활동을 활성화 시키는 활동입니다.

부분이 아닌 전체를 보고 모든 현상이 펼쳐지도록 하는 근본 의식을 깨워내는 것이 목적입니다.
모든 생각, 감정, 판단이라는 현상은 좌뇌 세포들이 열심히 일하기에 만들어지는데 이 좌뇌 세포들의 활동이 잠시 쉬면 드러나는 의식은 순수하고 고요한 텅 빈 공간입니다.

나라는 개체가 유능하고 안전하게 생존하기 위해 좌뇌는 언제나 과로를 합니다. 명상을 통해 좌뇌를 쉬게 하면 고요하고 평온한 마음을 만나게 됩니다.

좌뇌라고 표현되는 영역을 '에고' 라고도 표현하는데, 이 에고는 나의 안전과 유능함에 너무 빠져서 왜곡된 방식으로 세상을 바라보고 사람들을 판단하기 쉽습니다.

어쩌면 내가 바라보고 믿는 세계는 너무나 내 방식으로 바라보고 있는 나머지 진실과는 거리가 멀 수도 있습니다. 그런데 명상을 통해 나무만 집중적으로 보던 좌뇌가 눈을 감으면 우뇌는 숲을 보고 타인도 느끼고 우주도 느끼면서 전혀 새로운 통찰과 발견을 하게 됩니다.
따라서 삶을 좀 더 만족스럽고 건강하게 만들어 가려면 명상이라는 개념과 행위는 어쩌면 삼시세끼만큼 함께 해야 할지 모릅니다.

명상을 안내하는 다양한 프로그램, 책, 센터, 전문가들이 의외로 참 많습니다.
그 중 명상가이자 탄트라 수행자인 루퍼트 스파이라의 책 〈알아차림에 대한 알아차림〉에서 한구절 인용하여 잠시 안내하겠습니다.

"우울할 때, 쓸쓸할 때, 슬플 때, 기쁠 때, 평온할 때, 사랑에 빠질 때, 불안할 때, 지루할 때, 질투할 때, 흥분할 때, 행복할 때 우리는 그렇다는 것을 알아차리고 있습니다. 생각할 때, 먹을 때, 걸을 때, 운전할 때, 춤출 때, 공부할 때, 꿈을 꿀 때, 환각에 빠질 때 우리는 그렇다는 것을 알아차리고 있습니다. 무언가를 생각하고, 무언가를 느끼고, 무언가를 인식하고, 무언가를 할 때, 우리는 그렇다는 것을 알아차리고 있습니다. 앎이나 경험의 내용과 상관없이, 알게 되거나 경험하는 것이 어떤 것이든, 우리는 알아차리고 있습니다.
생각, 이미지, 느낌, 감각, 지각처럼 모든 대상적 경험은 나타나고 사라집니다. 하지만 알아차리는 경험은 변화하는 모든 경험 속에서 존재합니다. 영화가 상영되는 내내 하얀 스크린은 항상 존재하듯이 말이지요."[8]

---

8. 루퍼트 스파이라 지음, 김주환 옮김 [알아차림에 대한 알아차림], 퍼블리온, 2024, P44, P45.

그러니까 명상, 명상 상태를 취한 다는 것은 느끼고 생각하는 경험의 순간과 동시에 모든 것을 알아차리며 비추어주고 있는 스크린을 함께 인지하고 자각하는 상태라고 볼 수 있습니다.

나의 느낌과 생각이라는 경험이 전부라고 믿고 너무 실감하며 빠져드는 것이 아니라 스크린의 입장이 되어서 그것을 또 다른 눈으로 바라보는 것. 이렇게 단순하게만 좁혀서 정의할 순 없고 이 개념을 시작으로 무궁무진하게 명상 행위를 발전시킬 수 있지만 우선 이 정도로 개념을 정리해드려 봅니다.

아직 명상이 어렵거나 초보자이신 경우에는 일상에서 당장 다음 2가지 실행법을 따라가보세요.

1) 매일 5분만 눈을 감으세요

  우리 안의 우뇌 신피질 영역은 생명의 근원, 본질을 알고 있는 뇌세포입니다.
그러니까 스크린의 감각을 갖고 있는 뇌 영역이 있습니다.
이 뇌세포들을 좀 더 의식적으로 각성하는 시간 자체가 명상입니다.

모든 진실을 알고 있고 숲 전체를 보고 우리에게 무한한 평온과 기쁨, 고요와 평화를 안겨 주는 뇌세포를 느끼는 시간을 갖으세요.
뇌세포라고 표현하니 좀 차갑게 느껴지시나요?

그런데 뇌세포들이 우리의 활동을 결정하는 것을 부인할 수가 없습니다. 나와 우리를 사랑과 풍요로 평온하게 만들어주며 신성하고 초월적인 큰 세계를 느끼게 하는 뇌세포들을 매일 5분씩만 적극적으로 깨워주세요.

이게 맞나, 긴가민가 싶더라도 내 안의 큰 나를 확신하고 그냥 만나기로 하면 좋겠습니다.

아래와 같이 암송을 하면서 눈을 감고 계시면 좋겠습니다.

"내가 잠시 마음을 먹으면 나는 이미 평온이고 축복이고 기쁨일 수 있다. 이래야 한다, 저래야 한다는 어떤 조건을 잠시 옆으로 비켜두면 이미 기쁨과 평온이 내 안에 있다는 걸 난 안다.
내 안에 그걸 완전히 체감하고 있는 뇌세포가 있음을 안다."

2) 나의 생각과 감정을 아무런 판단과 평가 없이 있는 그대로 바라보세요

 앞서 인용한 알아차림이라는 개념을 시도해보세요.
내가 뭐하고 있는지 객관적으로 알아차리고 있는 눈이 바로 우뇌 신피질 영역입니다.
모든 경험을 바라보며 내가 뭘 하고 있는지 알고 있는 스크린의 뇌 영역이 있다는 것입니다.
숲 전체를 알고 있는 더 큰 근원의 나는 개체로서 움직이고 있는 나를 이미 바라보고 있고 알아차리고 있습니다.

이것을 좀 더 적극적으로 바라보고 의식적으로 알아차리는 과정을 시작해 보세요.

그런데 전체를 아는 큰 나가 에고라는 부분의 나를 그냥 알아차리며 바라본다는 것은 나의 생각과 감정에 있어서 검열을 하거나 옳고 그름의 판단을 하지 않는 것입니다. 보기 싫고 불편하더라도 영화 보듯 내가 하는 생각과 감정이 그냥 흘러가게 쭉 내버려둬야 합니다.

좌뇌가 만들어내는 영화를 멈추지 않고 보려고 하는 과정에서 근원의 나, 우뇌 신피질 영역이 더욱 활성화 되고 깨어납니다. 스크린이 느껴지는 것이지요.

힘들지만 이러한 명상 상태를 반복적으로 취하면 나만의 고정관념이나 고집을 명료하게 알아차리게 되며 거짓이 아닌 진실을 보는 힘이 생깁니다.
통찰력이 커지고 전혀 새로운 관점의 눈이 생깁니다.
이것이 마음근육입니다.

내가 원하지 않는 나를 발견하는 거 같아 처음에는 부끄럽고 두렵기도 하지만 우뇌 신피질이 인식하는 순수 의식이 지속적으로 깨어나면 이것을 해결하는 지혜까지도 기적처럼 내 마음에서 피어오릅니다.

아직 의심스럽고 잘 모르겠더라도 꾸준히 이러한 시간들을 일상에 배치하시길 다시 한 번 강조해 드립니다.

Chapter4.
자아 찾기

진짜 나로 살아가기

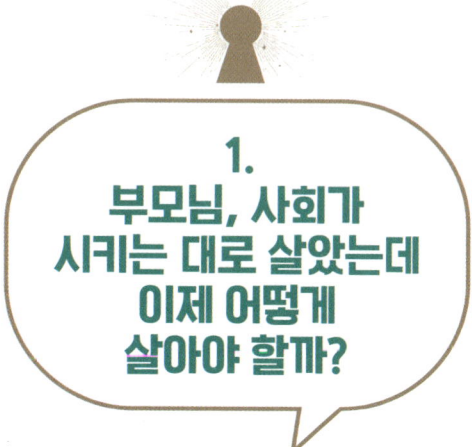

1. 부모님, 사회가 시키는 대로 살았는데 이제 어떻게 살아야 할까?

코칭 고객들의 연령대, 직업군, 코칭 주제는 매우 다양한 편입니다. 그러는 중에 20대 청년 창작자들도 꾸준히 만나고 있고, 10대 청소년들도 종종 만나 소통을 합니다. 10대, 20대를 만나면 저의 어린 시절, 젊은 시절과 연결되고 결핍, 보상 심리가 투영되면서 감정이 복잡하거나 격렬해 질 때도 있습니다.

이번 고민의 주제는 고3 입시를 치르고 졸업을 앞둔 청소년 친구의 이야기입니다만 사실 우리 모두의 삶의 흐름 속에서 깊이 짚어봐야 할 내용이기도 합니다.

인간이 인간답게 성장하고 살아간다는 것이 뭘까 우린 잘 연구하고 공부하지 않으면 생각보다 많은 오류를 범합니다. 과거 소크라테스, 붓다, 예수 등 철학자나 현자들은 이런 부분을 진작 강조하고 설파했지만 다양한 인간 군상의 굴레 속에서 우린 본의 아니게 무지 속에서 많이 헤맵니다. 다 알고 태어나서 살아가는 것이 아니라 살아지고 살아가다 보니 경험과 함께 배움이 일어납니다. 그리고 배움의 필요성을 크게 느낄 때 공부하고 교정하면서 삶을 바꿔 나가게 됩니다.

자본주의, 산업 사회, 근대 역사의 전 세계적 흐름이 공통적이지만 서구를 따라가는 동양의 한국 문화 속에서 미성년 시기의 한국 교육은 현재 확고해진 특징이 있습니다.
훗날 대우 받고 안정적으로 돈을 잘 버는 것을 목적으로 대학 입시를 향한 성적 중심의 교육이 상당히 획일화 되어 있지요. 대학도 더 깊은 학문을 통한 연구를 목적으로 하지않고 취업이 잘 되기 위한 목적, 대우 받기 위한 목적으로 입학하고자 하는 것이 강하기에, 대학 입시를 위해 초중고 의무 교육을 받는 아이들의 생활은 상당히 뻔해진 상황입니다.

어른들의 욕망이 짜놓은 판에 강요 당하며 아이들의 개별성, 자율성은 전혀 키워지지 못하고 있죠. 교육학과 아동 발달의 본질적인 원리들을 무시하고 어른들의 욕심과 편리함으로 아이들이 주물러지는 것이 현실입니다.

참 중요한 20년이라는 긴 시간 동안 한 존재가 건강하고 바르게 성장하며 자신을 이해하고 자신만의 가치를 만들어 가야 하는데 이러한 측면에서 전혀 배운 것이 없다는 것이 이 학생의 고민인 셈입니다.

어른들의 안내에 따라, 수동적일 수 밖에 없는 미성년 시절, 무수한 새 생명들을 이끌고 가는 어른들의 모습, 사회의 모습이 돈과 생존에 몰두하며 불안을 자극하고 과시하거나 대우 받고자 하는 욕심에 사로잡혀 있으니 참 안타깝습니다. 이런 분위기와 학교 제도 속에서 교사들도 대부분 수동적이고 형식적일 수 밖에 없어서 좀 다른 방식으로 아이들의 심정과 미래를 깊이 고민하기도 어려운 실정인 거 같습니다.
이런 현실에 놓인 청소년과 코칭을 진행할 때 마음이 무겁고 답답한 것이 사실입니다.
코치로서 할 일이 무엇일까 곰곰이 생각하기도 합니다.

이런 현실 속에서 스무 살이 막 되는 친구들을 위한 두 가지 실행법을 정리 해보겠습니다.

1) 스무 살 부터는 성인이 되니까 그 동안의 어른들의 세계관을 벗어버리세요

시키는 대로 착실하게 따라온 만큼 어른들의 세계관을 벗어버리라는 말이 충격적일 수도 있습니다. 어른들의 생각, 사회의 기준에서 분리 된다면 난 어떤 생각을 하고 어떤 기준을 가져야 하는지 백지상태가 될테니까요. 한 번도 스스로 생각해보거나 자율적인 방법으로 무언가를 시도해본 적이 없고 제시한 것들을 잘 따르지 못하면 평가가 낮거나 문제로 취급되었기에 벗어날 생각도 못 해봤습니다.

말 잘 듣고 모범적이면 어른들이 좋아했으니 미성년 시절 어른들의 표정에 지배되어 가는 건 당연합니다. 내 뜻대로 내 방식대로 내 생각대로 반항 해 볼 엄두도 못 내는 친구들이 더 많습니다.

그래도 시대가 변해서 자퇴를 하거나 특수학교, 대안학교로 전학을 가는 일들이 늘고는 있습니다.

코치로서 청소년들을 만날 때 저의 쾌감은 다음과 같습니다.

시키는 대로 하느라 자기 이해, 자기 표현에 서툰 친구들이 코칭 대화를 통해 깊이 생각해 보고 천천히 말 해보는 모습이 그렇게 감격스럽습니다.

시키는 대로 하는 중에도 존재들은 나름 자신만의 판단과 의문, 기준들이 생겨났습니다. 이것을 소통하고 발현해보는 장이 없어서 축소되고 소멸될 위기에 있지만 스스로의 자율성과 창조성을 찾아내는 코칭 과정을 진행하면 아직 늦지 않았기에 금방 불이 붙곤 합니다.

따라서 어른들이 시키는 것 말고 자신의 생각대로 해보는 것에 두려움을 갖던 청소년 친구들이 코칭 이후에 자신만의 기준과 방식을 찾아도 되겠다는 안심, 찾을 수 있겠다는 확신이 어렴풋이 생겨나기 시작합니다. 코치에게 확인을 받았다는 것 만으로 힘이 생기는 거지요.

어쨌든 이제 성인이 되었으니 자신의 인생을 살아보세요.
아무도 내 인생 살아주지 않습니다.
나를 믿고 책임지며 나아가는 연습은 빠르면 빠를 수록 좋습니다. 생각보다 희망과 기적이 많습니다. 어른들은 어른들이고, 결코 두려워 말고 용기 내서 내 생각, 내 가치관을 정립할 거라고 다짐하세요.
그 결과가 기존의 어른들과 닮아있을 수도 있고 아닐 수도 있습니다.
가다 보면 나만의 모습이 드러나겠지요?

2) 이제라도 자기 파악과 탐색을 시작하세요

그렇게 부모님, 선생님들과 분리하기로 다짐을 했다면 아직 어떤 사람인지 정확히 실체가 드러나지 않은 나를 연구하기 시작해야 합니다.

- 나는 어떤 기질과 성격적 특징이 있지?
- 나의 장점, 강점은 뭐지? 나의 매력은?
- 나는 어떤 부분이 좀 부족하지?
- 난 무엇을 할 때 즐겁지? 신이나지?
- 어떤 것들을 거부하지?
- 어떨 때 화가 나고 어떨 때 겁이 나지?
- 어떤 사람들과 어울리고 싶어하지?
- 나는 무엇을 중요하게 생각할까?
- 어떤 어른이 되고 싶지?
- 미래에 어떤 모습을 상상하면 기분이 좋지?
- 당장 실행에 옮겨 보고 싶은 도전은?
- 내가 좋아하는 영화는? 음악은? 책은?
- 여행을 떠난다면 어디부터 가 볼까?
- 자꾸 궁금한 것은? 알고 싶은 것은? 배워보고 싶은 것은?

아무것도 조급해 하지 말고 곰곰이 생각해보고 적어보세요.
실제로 실행해보고 느껴보세요. 누군가를 찾아가서 궁금한 것을 묻고 더 넓은 세상으로 활동 반경을 넓혀보세요. 나를 든든하게 지지해주고 좋은 안내를 해줄 사람, 책, 경험을 찾아내세요.

나를 잘 이해하고 표현할 줄 알면 나에게 적합한 일자리, 역할도 더 잘 알게 됩니다.
이렇게 몇 년이 흐르면 자율적이고 자립적으로 삶을 구상하고 설계하는 힘이 더 강해질 겁니다.

자기만의 가치관, 라이프 스타일이 만들어 질 거에요.

더 이상 부모님, 사회가 시키는 대로가 아니라 내가 시키는 대로 살아갈 겁니다.
나의 주인은 나입니다.

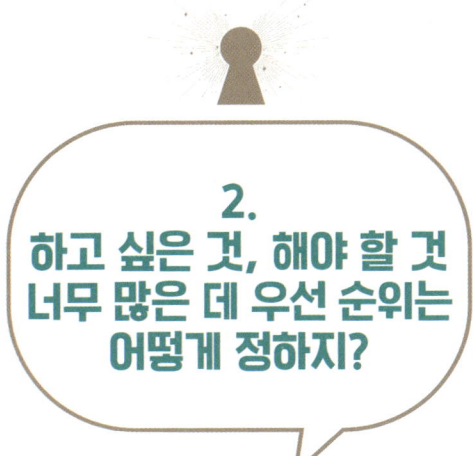

2. 하고 싶은 것, 해야 할 것 너무 많은 데 우선 순위는 어떻게 정하지?

코칭 고객님들 중 무기력하고 삶의 의욕이 없는 시기에 놓인 분들도 계시지만 열정적이고 도전해보고 싶은 것이 많은 시기에 놓인 분들도 계십니다.

분명 무기력한 것보다 의욕적인 상태가 훨씬 좋긴 하지만 막상 우왕좌왕하며 아무것도 시작을 못하는 경우도 많습니다.
하고 싶은 것, 해야 할 것이 너무 많이 등장하면서 오히려 우유부단 한 상태에 놓이는데요.

그래서 왜 막상 하나부터 차근차근 실행하지 못하는지, 많은 관심사와 호기심 중에 왜 우선 순위를 정하지 못하는지 코칭대화를 하다 보면 몇 가지 결론에 다다릅니다.

하고 싶고, 해야 할 많은 일들 사이에서 순서를 정하고 싶다면, 우선 이 2가지부터 점검해 보세요.

1) 남과 비교하지 마세요

 열정적이고 의욕적인 시기일수록 시선이 외부로 향하며 자료도 조사하고 탐색도 하게 됩니다.
보통 어떻게 시작하고, 남들은 어떤 방식으로 해나가며 성과를 내는지 좋은 마음으로 기웃거리며 정보를 찾기 시작하죠.
그런데 어느덧 자신의 초심에서 벗어난 너무 많은 정보와 유혹들에 노출 될 수 있습니다.
내가 하고 싶은 것을 해낸 사람의 사례를 보다가 위축되기도 하고 부담을 느끼기도 합니다.
당연히 있을 수 있는 과정이지만 이 마음이 너무 커진다면 바로 비교하는 상황을 중단하세요.

그리고 가만히 나 자신으로 돌아와 다른 사람과 나의 근본적인 차이점을 차근히 정리해보세요.

다른 고민 주제에서도 자주 말씀 드렸지만 우린 모두 정말 다릅니다. 타고난 기질, 성격, 놓인 환경, 주어진 상황들이 확연히 다름에도 순간 그것을 받아들이기 싫고 다른 성격, 다른 상황의 사람들이 더 좋아 보일 수 있지만, 이 생각과 감정을 오래 붙들고 있는 것은 의미가 없습니다.

이리 저리 탐색을 하는 중에 이 정도면 충분하다 싶거나 마음이 불편해지는 상황이 오면 서둘러 나 자신으로 돌아오세요.
반드시 나의 상황, 나의 개성에 맞는 나의 방식으로 계획과 목표를 세워야 합니다.

가장 마음이 끌리는 것을 중점으로 아주 작은 단계부터 시작을 하는 것이 중요합니다.

2) 가볍게 이것 저것 집적거리며 정확한 내 마음을 파악하세요

임시 기간을 설정하고 이 기간 동안에는 다양한 음식을 시식하듯, 자신이 해보고 싶고 도전하고 싶은 여러 분야와 관심사를 그냥 집적거리세요.

3개월, 6개월 혹은 길게 1년까지 우선 순위를 정하기 위한 임시 기간을 설정하는 겁니다.

우리의 마음은 모호한 상태일 때는 감정적이 되거나 감상적이 되기 쉬운데, 명료하게 수치화 하거나 지정하는 설정을 하면 안개가 기친 맑은 상태로 느껴져서 감정의 동요가 덜합니다.

현재 나의 상황들을 적당히 둘러보고 요 정도의 기한만 설정해도 불안은 줄어듭니다.

그 다음으로 내가 정확히 무엇을 원하는지, 어떻게 하고픈지에 대해서 빠르게 확정하려고 하지 말고 설정한 기간 동안 내 마음을 관찰하게요. 부담 없는 세미나, 설명회, 모임들에 참석해보세요.

관련 서적이나 원데이 클래스도 살펴보세요.

작은 체험, 맛보기 워크숍들을 진행해보세요.

우선 순위를 정할 때 적당히 머릿속으로만 상상하면서, 효율적이거나 실행하기 쉽거나 누굴 이기기 위해 정하면 오래 못갑니다.

겉으로 슬쩍 보기에는 너무 재밌어 보였는데 막상 하니 아닐 수도 있고, 실제 걸리는 시간이라던가 비용도 예상과 다를 수도 있습니다.

"저는 조금 해보고 금방 싫증을 느껴요, 조금 해보고 금방 포기하려고 해요." 라고 자신을 평가하는 분들을 보면 사실은 이렇게 집적거리는 기간을 가진거라 오히려 잘 한건데, 이상하게 주변 인식을 신경 쓰다 보면 뭐든 빠르게 내 마음을 알고 결정한 후 기계처럼 달려서 보란 듯이 성과를 내야 떳떳할 거 같은가 봅니다. 부모님 눈치, 남편, 아내 눈치, 잘 나가거나 잘 해보이는 친구들의 눈치를 보며 뭐든지 한 번에 잘 결정하고 잘 하는 사람이 되려는 바람은 사실 아무 필요가 없습니다. 한 번 결정하면 다시는 바꾸면 안된다는 강박도 버리세요.

어쩌다 보니 현대 사회 속에서 유능함, 잘남에 대한 경쟁 분위기에 휘말리게 되는데요, 사실 이 경쟁에 내가 참여 하지 않으면 오히려 내가 원하는 것으로 알맞은 때에 성과를 내며 만족스러운 삶을 살게 됩니다. 그러니 주변은 신경 쓰지 마시고 3개월이면 3개월, 6개월이면 6개월은 오히려 모든 변화에 마음을 열고 집적거려 보세요.

누군가가 "넌 왜 자꾸 뭘 바꾸냐, 꾸준히 안 하냐"고 물으면, "아직 나에 대한 탐색기간이야." 라고 편안하고 당당하게 말하세요.

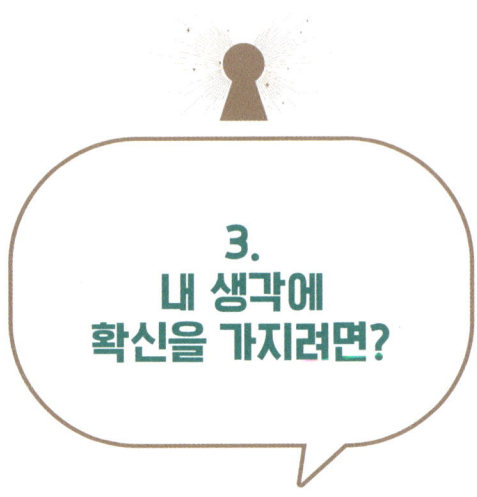

3.
내 생각에 확신을 가지려면?

여러분들은 어떠세요? 자신을 믿고 부딪히고 깨지면서 삶을 만들어 가나요?
아니면 이래도 되는지, 이러면 괜찮은지 자꾸 외부로부터 확인하려고 하나요?

아마 누구든 든든한 자신이 되어 인생을 자기 힘으로 멋지게 만들어 가고 싶을 거에요.

1) 지금까지 믿고 따르는 가치 기준, 인생 매뉴얼이 어떻게 형성되었고 누구의 것인지 살펴보세요

엄마의 가치관, 성공한 사람들의 방법론, 대중의 흐름이 자신의 생각이라고 생각하나요?
어린 시절 부모님의 양육 방식과 함께 만들어진 사고방식, 지배적인 사회 분위기로 인한 군중심리, 잘 나가는 사람들의 기준을 그냥 무턱대고 따라가고 있진 않나요?

미성년 시기의 양육 환경을 통해 습득한 부모님의 삶의 노하우 또한 우리의 자원입니다만, 자기다움으로 재구성하거나 자율성과 주체성으로 사고방식을 재정립하지 않으면 늘 부모님에게 종속되고 부모님에게 물어봐야 합니다.

게다가 부모님이 좋아하는 기준에 맞추면 사랑을 받았거나, 부모님 주장이나 욕심이 강해서 내 의견을 펼칠 수 없었거나, 사회적 지위가 높은 부모님이라 따라야 할 거 같은 압박이 컸던 자녀일 경우 자신만의 가치 기준과 인생 매뉴얼을 주체적으로 키워나가는 것에 훨씬 취약합니다.

자신이 어떤 성격인지, 무엇에 기뻐하는지, 무엇을 중요하게 생각하는지 등의 자기 파악과 이해를 뒤로한 채, 부모님에게 인정을 받기 위해, 부모님에게 혼나지 않기 위해, 부모님 만큼 성공하기 위해 만들어진 가치 기준과 인생 매뉴얼을 따라가다 보니 탄탄한 자기 내면의 성장이 없어 자기 확신이 약하고 삶에 대한 불만족도 높습니다.
평가에 연연하고 눈치를 많이 보는 중에 불안도가 높고 자기 선택을 잘 못합니다.

사신만의 살아있는 감각과 지각은 사라지고 남이 원하는 걸 하거나 남이 괜찮다고 승인 해주는 내 생각만 괜찮다고 여기고 중요한 결정을 하다 보니 인생의 주체가 결국 자신이 아닌 셈 입니다.

몸은 움직이고 어디선가 행동을 하지만 그것은 그저 껍데기인거죠. 보통 부모님의 영향력으로 만들어진 삶의 기준인 엄마 매뉴얼, 아빠 매뉴얼은 사회생활을 거듭하면서 군중 매뉴얼, 트랜드, 묻어가기 매뉴얼 혹은 성공한 사람들의 매뉴얼로 대체되곤 하는데 결국 이 모두는 나 자신이 아닙니다.

매번 그 매뉴얼을 남에게서 확인해야 하고 계속 물어야 합니다.

인정받는 사람, 혼나지 않는 사람, 성공한 사람이 되고 있는지만 바라보며 부모님, 군중, 성공한 사람들만 계속 추적하고 확인합니다.

자신의 깊은 내면 속에서는 욕구 불만과 불안, 자기 부정과 위축감이 자라납니다.
부실한 나를 들키지 않기 위해 방어적이고 주변 눈치도 많이 보는 사람이 됩니다.

◈ 지금 나를 이끄는 가치 기준, 인생 매뉴얼은 어떻게 만들어져 있나요? 누구의 것인가요?

당장 한 번 적어보세요.

2) 남의 기준에서 벗어나 나만의 기준, 나만의 인생 매뉴얼을 만드세요

　내가 나를 든든하게 믿고 자신감 있게 인생의 주인이 되려면 결국 내가 부딪히고 경험하면서 깨닫게 된 교훈, 살면서 알게 된 자신과 세상에 대한 이해로 나만의 가치관, 사고방식, 정체성 등을 재정립 해야만 합니다.
인정욕구, 칭찬 욕구, 성공 집착에서 벗어나야 합니다.

부모님과의 의논도 멈춰야 합니다. 묻지 마세요. 알아서 하세요.
부모님 눈치 보지 마세요.
사람들의 비웃음과 비난에 더 이상 놀아나지 마세요.

아무도 내 인생을 대신 살아주지 않습니다.

나를 알아가고 이해하기 위한 시간과 활동을 중요하게 여기겠다는 관점과 다짐이 필요합니다.

♦ 속 깊은 나의 감정과 생각을 옳고 그름으로 검열하지 않고 주저 없이 글로 적어보기

- 시각, 청각, 후각, 미각, 촉각의 오감을 생생하고 세심하게 깨우는 놀이, 취미 활동 하기
- 창피하고 실망스러운 자신을 만나는 연습하기
- 죽이 되든 밥이 되든 부담 없는 작은 시도들로 자신을 탐색하기
- 있는 그대로의 자신을 관찰하고 적어보기
- 지구에 단 한 명의 동일인도 없는 유일무이한 자신의 개성과 삶의 모습을 있는 그대로 수용하기
- 나의 장점, 강점, 매력, 성과, 작은 실적, 지금까지의 삶 속에서 얻은 교훈 등 나에게 부족한 것이 아니라 이미 갖고 있는 것들을 주기적으로 기억하기

정답을 찾으려 하지 말고, 좋은 이미지, 뭐든지 잘 하는 사람 등의 허상에 집착하지 말고 하나씩 부딪히며 실패도 해보고 직접 겪어보며 자기 기준과 철학을 쌓아 가야 합니다.

싫든 좋든 진짜 나와 친해지며 나를 받아들이세요.

그렇게 나만의 인생 매뉴얼이 만들어 집니다.

이제 남에게 묻지 않고, 자신에게 물으며 자신의 가치관과 철학에 따라 확신을 갖고 삶을 만들어 가게 됩니다. 잘 될 때도 있고 잘 안 될 때도 있겠죠. 그런데 인생은 그런 과정과 여정의 연속이고 삶의 진정한 맛은 바로 그 과정에 있음을 알게 됩니다.

4. 내가 좋아하는 것, 어떻게 찾을 수 있을까?

"내가 좋아하는 게 뭔지 모르겠어요. 누가 너의 취미나 관심사가 뭐냐고 물으면 너무 그 자리를 뜨고 싶어요." 이렇게 말씀하시는 분들이 많습니다.

그러니까 누가 나에 대해 물으면 머리가 하얗게 된다는 거죠.

이런 경향을 보이는 이유도 조금 뻔합니다.

내 잘못, 내 문제로 생각하시지만 전적으로 자기 잘잘못의 문제는 아니지요.

우리는 대부분 먹고 사는 문제를 가장 중요하게 인식합니다.
전쟁과 가난의 척박한 역사에서 벗어난 지도 얼마 안 되었습니다.
내가 좋아하는 것 이전에 내가 먹고 살기 위해서 어떤 직업을 가져야 하는가에 우선으로 집중합니다.
나의 관심사 이전에 '돈을 안정적으로 잘 벌기 위한 직업이 무엇이 있지' 하고 고민합니다.

사회적 동물로서 사람들과 잘 어울리고 나에게 이득이 될만한 곳에 소속하고자 합니다. 혼자 고립될 경우에도 사실 먹고 사는 것에 문제가 될 수 있습니다.

고도화된 산업 사회의 자율 경쟁 속에서 조금 더 대우 받고 큰 지위를 얻거나 큰 돈을 버는 위치나 역할이 있습니다. 이 또한 내가 좋아하는 관심사를 벗어나서 매우 유혹적일 수 있습니다.
나도 그 역할이나 그 위치에 가보고 싶어 그 분야에 더욱 시간을 투자할 수 있습니다.
보통 능력 있는 사람이 되기 위해 고민합니다.

화려하고 대단한 인공 생산물이 많습니다. 더 좋은 집, 더 좋은 차, 누려보고 싶은 물건, 경험들이 넘쳐납니다. 그런데 모두 돈을 가지고 소비해야 합니다. 돈 많이 벌고 불리는 법을 고심합니다.

이러는 중에 우린 서로 비교하며 으스대거나 무시합니다.

심리적 박탈감이나 심리적 위협이 항상 문제입니다.

적당히 먹고 살 수도 있고 대단한 물질과 경험을 소비하지 않아도 행복할 수 있는데, 누군가가 나를 무시하는 걸 참을 수 없습니다. 저 인간이 으스대는 걸 못 봐주겠습니다.

지금 내가 좋아하는 걸 찾을 때가 아닙니다. 저들을 따라잡고 보란 듯이 증명해야 합니다.

그리고 진심 저 화려한 것이 궁금하기도 합니다.

가족과 일가 친척들도 물질적으로, 지위적으로 더 잘 된 사람들을 대단히 여깁니다.

자식이 사회적으로 잘 안 풀리는 거 같으면 매우 불안해 하고 걱정합니다. 자발적으로 검소하고 소박하고자 하는 사람들조차 안쓰럽게 여깁니다.

하루하루 성심성의껏 바르게 사는 것에 힘 쓰는 걸 하찮게 여기고 조금이라도 겉으로 잘 된 모습을 겨룹니다.

이렇게 '나'는 지워집니다.

'나'에 대한 생각, 깊이 있는 사고는 없어집니다.

위축되거나 소심한 마음, 미친 듯이 쫓기거나 쫓아가는 마음, 박탈감과 좌절, 번 아웃 상태로 아무리 뛰어도 변하는 것은 없고 삶은 불만족스럽습니다.

이 정도 벌면, 여기까지 올라가면, 내가 좋아하는 걸 찾고 취미 생활을 할 수 있을까요?

좋아하는 걸 하고 취미를 찾는 그 자체가 중요한 걸까요?

사실 나에 대해 물으면 머리가 하얘진다는 표현은 결국 자신의 생각과 관점을 관심있게 바라보며 주체적으로 삶을 살아나가고 있지 않다는 의미입니다.

세상이 만든 틀과 제도에 맹목적으로 따라가면서 돈 중심, 과시 중심에 세뇌되어 기대에 부흥하고자, 인정 받고자 자신을 잃고 불만족스럽게 살고 있을지 모릅니다.

이제 잠시 멈추세요. 내 어린 시절이 가난했고, 부모님을 만족시키고자 당연하듯 질주하는 흐름에 얼떨결에 올라탔을 수 있습니다. 나에게 알맞은 직업, 알맞은 돈, 라이프 스타일을 다시 점검해 볼 수 있습니다. 나에 대해 잘 생각해보고 나에게 잘 맞는 건강한 경제 활동 속에서 나의 관심사로 일상을 즐겁고 의미 있게 가꿀 수도 있습니다.

잠시 멈추고 점검한다고 당장 많은 것이 바뀔 순 없지만 분명 미래로 나아가는 방향은 바꿔 갈 수 있습니다.

좋아하는 것 찾기, 나에 대해 알기,
이제부터 어떻게 하면 될까요?

1) 타인의 시선, 가까운 사람의 기대에서 완전히 분리하세요

대다수의 사람들이 추구하는 유행, 트랜드, 욕망들을 보지마세요.
나의 가족, 가문이 기대하는 나를 완전히 잊으세요.
처음에는 금단 현상이 일어날 만큼 어렵겠지만 수단과 방법을 모두 동원해서 자신의 마음에 집중할 수 있도록 나에게 강한 영향을 주는 흐름이나 존재들과 좀 떨어져야 합니다.
일주일에 하루, 아니 1시간이라도 모든 것을 차단하고 자신의 마음의 소리를 들어야 합니다.

할 수만 있다면 아주 자주, 몇 달간 지속되면 좋습니다.
타인에게 뺏겼던 신경을 자신에게 돌리면 신기하게 자신을 느끼게 됩니다.

그 느낌이 오히려 불안하고 낯설 수 있지만 이것을 견뎌야 합니다.
내 마음이 하는 이야기들, 내 감정, 내 감각, 내 욕구, 내 욕망을 들어야 합니다.
당황스러워도 이 시간을 지속적으로 보내야 합니다.

2) 돈과 먹고 사는 일 말고 닥치는 데로 무엇이든 작게 경험하세요

자신에게 집중하면서 두서없이 찾아지고 중구난방으로 올라오는 감정, 욕구들에 실제로 반응해 줘야 합니다. 즉흥적이고 충동적인 행동으로 여겨질 테지만 그렇게 나를 만나야 합니다.
그 동안 하도 억제해서 내 욕구와 욕망임에도 너무 떨리고 무서울 수 있지만 작게 실행으로 옮겨봐야 합니다. 당장 현실화 하기 힘든 욕망이 발견되면 그것과 유사한 것으로 실행합니다. 이랬다, 저랬다, 불쑥불쑥 정돈이 안 되면 안 되는대로 반응하고 실천하세요. 약 6개월 가까이 이러려니 하세요.

오늘은 그림을 그리고 싶다가 내일은 여행을 가고 싶다가 모레는 잠만 자고 싶다가 다소 미친 사람 같을지 모르는 자신의 내면을 다 존중해주세요.

그림 배우러 갔다가 그만두고, 테니스 배우러 갔다가 그만두고, 그래도 다 인정해주세요.

봇물처럼 터져 나오는 나의 욕구들이 우선 대 방출 되도록 놔두세요.
주변 사람들이 이상하게 보더라도 놔두세요.
울었다가 웃었다가 하세요.

결국 돈도 못 벌거고 아무 소득도 없을 건데 뭐하러 이러나 하는 회의감도 그냥 내버려두세요.
그런데 서서히 안정기에 들어갑니다. 진심이 정리됩니다.
처음으로 제대로 만난 나와 가만히 손 잡게 될겁니다.

내가 좋아하는 것을 알게 됩니다.

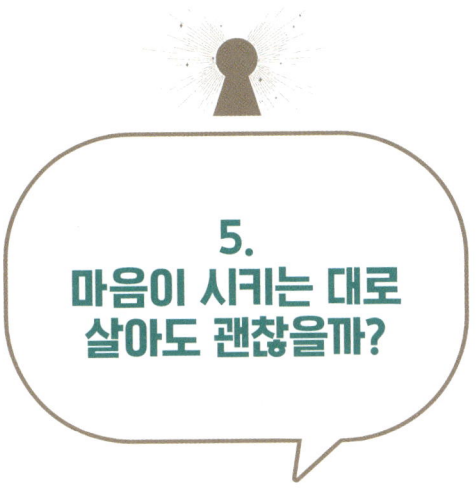

5. 마음이 시키는 대로 살아도 괜찮을까?

   많은 분들이 자신의 기준과 방식으로 삶을 만들어 가는 것에 상당한 두려움이 있습니다.
이유들을 모아보면 결국 반복되는 이야기들 입니다만

- 안정적인 생존을 위해
- 비난 받지 않고, 창피하지 않고, 인정 받거나 사랑 받기 위해
- 따돌려지거나 외롭지 않기 위해

이 정도로 정리가 됩니다.

고민의 주제가 바뀌고 책장을 넘겨도 내용이 유사한 것이 핵심입니다.
현대를 살아가는 우리 모두가 이런 부분에서
심각한 상태인 거죠.

튀지 않고 대세를 따르는 중에 우월한 자리를 차지하면 안정적인 생존에 유리할 거라는 생각이죠. 인기 있고자 하는 마음, 좋은 사람으로 평가 받고자 하는 마음까지 해서 우린 자신을 잃고, 독자적인 감긱과 나만의 촉을 모두 손실합니다.

인간성에 대한 불신도 한 몫합니다. 내 마음조차 믿을 수 없습니다. 인간은 믿을만한 존재가 아니라고 생각합니다. 인간은 사악하거나 열등합니다.
자신의 마음이 시키는 걸 한다면 악한 일이거나 퇴폐적이거나 바보같은 일 일거라고 생각합니다.
그래서 우린 외부로부터 올바른 지침이라는 걸 찾으려고 합니다.
이미 정해져 있는 도덕적, 법적 메뉴얼, 혹은 검증된 양식들을 따라갈 때 나는 올바른 사람이 된다고 생각합니다. 사실 겉으로 보여지기에 올바른 사람이겠죠. 그냥 아무 일 없기만을 바랍니다.

이런 문화 속에서 자식을 낳고 기릅니다.

대부분의 양육과 교육은 대세에 따르며 우월한 위치를 차지하는 것을 목표로 생명들을 안내합니다. 인간에 대한 세심한 이해 없이 올바르고 착한 사람이 되는 것만 강조합니다.

우리는 생각이라는 걸 할까요? 어쩌면 그냥 막 휩쓸려 가게 됩니다.

어떤 선택과 결정을 할 때 계속 외부에서 어떤 정답을 찾습니다.
외부에 계속 묻고 맞는지 확인 합니다.
대세를 확인하고, 대다수가 그렇게 한다면 나도 그렇게 합니다.
성공하거나 힘 있는 존재가 그렇다고 하면 나도 그렇다고 생각합니다.
나는 믿을만한 존재가 아니니 계속 책을 찾고 훌륭한 사람을 찾고 목사님을 찾고 법전을 찾습니다.

매일 물어보러 다니느라 정신 없습니다.
매일 인터넷을 뒤지느라 정신 없습니다.
모두 자신의 내면은 구멍입니다. 뻥 뚫려 있습니다.

나의 중심이 차근차근 쌓아 올려지며 결국 나 자신에게 물어야 하는데 나이 들어서 까지 계속 외부에서 답을 찾습니다.

제가 만나는 대부분의 고객님들도 이런 상태로 오래 살면서 결국 몸과 마음이 아픈 상태가 되어 찾아오십니다. 그렇게 답을 찾으며 성실하고 올바르게 살려고 애썼는데 괴롭기만 하고 되는 일이 없습니다.

물론 우린 자라면서 외부로부터 배우고 익혀야 합니다.
특히 미성년 시절에 배움은 정말 중요 합니다.
그렇다면 무엇을 배우고 익혀야 할까요?

인간을 이해하고 나를 이해하는 공부, 어른들과 외부를 모방하며 연습하되 자신만의 감각과 기준을 찾고 정리하는 공부를 해야합니다.
대세를 따르며 우월한 존재로 안전하게 생존하는 법, 겉으로 올바르고 착한 사람이 되는 법을 배우고 속이 텅 빈 껍데기로 살아가며 불안과 두려움으로 괴로워 하는 것은 이제 그만하면 좋겠습니다.

나의 직감, 나의 느낌을 무한히 살려 내야 합니다.
자신만의 생명력을 살려 내야 합니다.

외부와 소통하고 타인을 참고하되 질문은 자신에게 할 수 있는 단계로 자신을 키워 내야 합니다.
나라는 정체성을 내적으로 튼튼하게 잘 구축해 나가야 합니다.

남들에게 물어보고 남들이 하는 대로 함으로써 남들에게 종속적인 빈약하고 두려운 삶이 아니라 서로 자극을 주고 배우되 스스로의 기준과 판단으로 다듬어 나가는 삶을 살아나가야 겠습니다.

왜냐면 이 삶은 진정 뿌듯하고 만족스럽기 때문입니다.
자신의 튼튼한 내면이 만들어 가는 삶은 외부 조건에 의해 행복이 결정되지 않습니다.
진정 외롭지 않은 안정적인 생존이 가능합니다.

미성년 시절의 질 좋은 양육과 교육, 20대의 건강한 실제 경험들이 받쳐주면 30대부터도 자신만의 느낌과 기준이 살아있는 튼튼한 존재로 진입 할 수 있습니다.

외부에서 답을 찾아 쉽게 안전 하고자 하는 나약하고 겁먹은 존재로 100년을 살아간다는 것은 참으로 무모합니다.

1) 나를 겁주고 통제하려는 존재로부터 멀어지세요

부모님이든 배우자든 대세를 따라야 안전하다는 관점이 강한 사람들, 자신의 욕망이나 불안이 너무 커서 옆 사람을 통제하려는 욕심이 강한 사람들로부터는 무조건 거리를 두세요.

그들도 새로운 배움과 변화가 필요한 사람들입니다.

그들이 이미 자기 정체성이 빈약하고 생명력이 약한 사람들입니다. 따라서 그들에게 휘둘리면 당신 또한 내면이 튼튼한 독립적인 사람이 될 수 없습니다.

2) 내 호기심, 내 끌림대로 선택해보세요

인간이라는 존재를 믿으세요.
생각보다 인간 스스로가 망가지는 것이 쉽지 않습니다.
생각보다 사악하고 퇴폐적인 것을 끌려 하지 않습니다.

범죄자 라던가 퇴폐 중독자가 된 사람들의 경우 오히려 틀에 갇혀서 껍데기로 살다가 그렇게 된 경우가 더 많습니다.

내 안 깊은 곳의 수준 높은 진심을 믿으면 진정한 호기심과 끌림이 끌려 올라옵니다.
우리는 아름답고 건강한 삶을 추구하는 힘이 더 강합니다.
따라서 자신의 운명이 인도하는 호기심과 끌림을 따라가보세요.
그곳에 희망과 가능성, 자신만의 재능과 영감이 있습니다.

결국 자신만의 독자적인 삶을 안정적으로 외롭지 않게 만들어 가게 될 것입니다.

6. 나도 착한 사람 컴플렉스?

착한 사람이라는 표현이 나쁜 것은 아니죠. 나쁜 사람이 되려고 하기 보단 착한 사람이 되려고 하는 게 바른 방향일 겁니다. 그런데 콤플렉스라는 건 착한 사람의 이미지, 그 모습에 집착하거나 많이 메어 있다는 거니까 분명 그에 따라 잃는 것이 있거나 고통스러운 것이 발생할겁니다.

착한 사람, 성격 좋은 사람, 모범적인 사람, 말 잘 듣는 사람, 뭐든지 잘하는 사람, 밝은 사람 등 착한 사람에서 파생된 유사 상태들이 있습니다. 이미 느껴지시겠지만 이 모든 모습은 타인 종속적인 경향이 있습니다.

나의 만족보다 타인을 만족시키려는 의도, 타인을 만족 시킴으로써 타인이 나를 인정해주고 좋게 봐주고 사랑 해주는 것을 목적으로 하는 것이지요.
타인을 기쁘게 함으로써 사랑 받는 것에 몰두한다는 것이 참 슬프고 씁쓸합니다.

늘 타인의 기분, 타인의 반응을 살피며 행동해야 하니 피곤합니다. 눈치를 보는 과정에서 두려움이 동반됩니다.
내가 이렇게 착하게 했는데 안 좋아하면 어쩌지 걱정을 하게 됩니다.

결국 목적이 있는 착한 사람 콤플렉스일 뿐 진정 순수한 착한 마음은 아닐 수도 있습니다.

이렇게 위축되고 슬픈 상황에 놓인 사람들이 생각보다 많습니다.
우리 사회가 이렇게 길들여가기 쉬운 구조인가 봅니다.

다른 고민들에서도 자주 등장했지만 이 또한 가정의 양육과 학교의 교육에서 시작됩니다.
어른들이 아이들을 편하게 다루고자, 우열을 나누는 비교 경쟁의 분위기 속에서 모범생 컴플렉스, 착한 사람 콤플렉스 등이 시작됩니다.

생명들은 그저 어른들에게 사랑 받고 지지 받으면서 무력한 미성년 시기를 살아남고자 본능적으로 비위를 맞추려고 할 겁니다.

착한 사람 콤플렉스가 오래 지속되면 당연히 나를 잃습니다. 나의 색깔, 나의 정체성, 나의 생각, 나의 감정들이 모두 지워집니다. 내면은 공허하고 껍데기만 남습니다. 남들을 맞춰주며 삶의 만족을 찾지만 늘 욕구 불만이고 불안합니다. 많이 휘둘리고 쉽게 가스라이팅 당합니다.
결국 호구 취급 당하거나 무시 당하는 상황이 많아집니다. 심하게는 폭력을 당하는 상황에서도 벗어나지 못합니다.

그 동안의 인류가 양육을 제대로 공부하며 생명을 키우지 못했습니다.

대부분 발달 단계에 맞는 가르침, 충분한 사랑과 기다림, 존중과 지지를 받으며 키워지지 못했습니다. 게다가 인간을 20년간 키운다는 것이 만만치 않습니다. 많은 부모님들이 힘이 듭니다.

겁도 주고 무섭게도 하면서 아이를 길들이려고 합니다. 부모님 말씀 잘 듣고 착하게 자라는 것 자체는 본질적으로 옳습니다. 어린 시절에는 당연히 많은 것들을 부모님을 통해 배워야 하니까요.

그러나 부모님의 기대에 부합해야만 사랑을 받고 아이다움이나 아이의 솔직한 감정이 거절당하고 통제된다면 존재는 자신의 욕구, 감정, 생각을 키우며 활용해보지 못하고 억누르고 잘라 내야 합니다.

욕심 많은 부모님의 경우 아이에게 요구하거나 기대하는 것이 많습니다. 부모의 한, 상처들이 투영 되면서 아이가 부모 입맛에 맞출 때만 기뻐합니다.

부모 말을 잘 듣고, 부모가 원하는 것을 할 때 칭찬 받고, 보상이 온다면 아이들은 원치 않아도 그 방식으로 자신의 성격과 태도를 만들어 갈겁니다.

한편으로 사회는 성적과 능력 위주로 사람을 노골적으로 분류합니다. 미성년 시기부터 성적이 좋고 재능이 있으면 매우 우대 받습니다. 성적과 재능으로 눈에 띄지 않을 경우 관심 받기 위해 스스로가 나도 모르게 착하고 성격 좋고 밝은 모습을 강화하려고 합니다.

각각 아이들의 기질과 성격에 맞는 교육을 찾아주지 못하고 획일화된 단계와 속도 속에서 많은 친구들이 빠르게 공부를 포기하고 재능이 없다 여기면서 무의식 중에 착한 사람이 되기 위해 노력합니다. 성적이 좋거나 재능이 있다면 굳이 착한 사람이 되려고 하지 않습니다.

물론 타고나길 기질적으로 타인 지향적이거나 사교적인 사람들이 있습니다. 성격이 온순하고 긍정적인 사람도 있습니다.

그런데 어떤 결핍과 위축으로 자신의 정체성 발달과 자기 표현을 멈추고 타인을 만족시키면서 사랑 받으려고 한다면 이것은 큰 문제로 확대됩니다.

오히려 대부분 관계가 깨지고 악화됩니다.
폭력이 용인되고 위선으로 사람을 조종하려 합니다.

1) 나의 욕구, 감정, 자신만의 가치를 알기 위한 자기 탐색을 시작하세요

부모님이 원하는 것을 만족시키느라, 통제와 성적 중심의 교육에서 헤메느라, 선생님이 무서워서, 사회에서 이탈되지 않기 위해 제대로 된 자기 파악과 자기 이해가 안 되어 있는 경우가 대부분 입니다.

그 동안 교육이 '나'를 공부하도록 도와주지 못했습니다.

부실하고 약한 정체성과 내면으로 겁 먹으며 혹은 속을 숨기기 위해

강한 척하며 세상을 버티는 중에 착한 사람 콤플렉스에 빠지게 된 자신을 인지하고 수용하세요.

콤플렉스일 지언정 이미 갖춘 자신의 됨됨이인 '사람들을 기쁘게 하고 잘 배려하는 태도나 기술'을 버리지는 마세요.

사람들에게 맞춰 주느라 지워버린 자신을 이제라도 회복하는 것이 핵심입니다. 타인을 기쁘게 하는 것 뿐 아니라 이젠 자신을 기쁘게 해 주는 관점도 살려내세요. 타인을 만족시키려는 자신 뿐만 아니라 나를 만족시키려는 자신도 겸비하세요.

- 비슷한 상황에서 나는 무엇을 원하지?
- 지금 내 기분은 뭐지?
- 타인을 기쁘게 하지 않더라도 내가 가진 가치와 장점은 뭐지?

적극적으로 파고드세요.

2) 타인을 기쁘게 함으로써 사랑 받고자 하는 습관을 무조건 멈추세요

착한 사람 콤플렉스가 욕구 불만과 괴로움도 양산했지만 분명 만족감과 기쁨도 있었을 겁니다.
나의 행동과 태도로 사람들이 기뻐하고 좋아하는 모습이 중독적이죠. 게다가 당신 덕분에 너무 행복하다고 말이라도 해주면 날아갈 거 같은 기분입니다.

이 중독을 좀 끊어야 합니다.
집착을 끊어야 합니다.

타인을 기쁘게 하려는 행동을 10번했다면 이제 3번으로 줄이세요.
7번은 자신을 기쁘게 하세요.

처음엔 다 떠나갈 거 같고 갑자기 변한 자신을 누군가 비난할 거 같지만, 생각보다 그렇지 않습니다.
내가 집착하고 중독되어서 그렇지 막상 내가 나를 드러내고 거절을 하면 그들도 나름의 생각을 합니다.

처음엔 잡음이 있을 수도 있겠죠. 그런데 그들도 나에게 길들여집니다. 내가 단호하면 그들도 어쩔 수 없습니다.

그렇게 기울어진 배를 평평하게 만들어야 합니다.
심정적으로 더 악화되기 전에 정말 자신을 귀하게 여기셔야 합니다.

이렇게 연습을 하면 적재적소에 알맞은 판단을 하게 됩니다.
무조건적으로 타인에게 맞춰 주는 것이 아니라 상황과 사건에 따라 합리적인 선택을 하는 눈이 생깁니다.

'지금은 나의 의견을 말해야 할 때구나, 지금은 양보할 때구나' 이렇게 현명한 판단이 생길 때 까지 착한 사람으로 인정받고자 하는 습관을 멈추세요.

7. 사람은 정말 변할 수 있을까?

　너무 답답하고 힘들어서 코칭을 신청하고 찾아오셨음에도 오래 머물러온 그 동안의 삶의 풍경으로 인해 변화, 꿈, 희망이란 관점에 있어 불신이 짙은 분들이 굉장히 많습니다. 그래서 전 새로운 분들과 코칭을 시작하는 초기에는 밥 든든히 먹고 자리에 임해야 한답니다. 불가능에 대한 뿌리 깊은 불신을 가능성의 신뢰로 교정하도록 전방위적으로 스포츠 하듯 에너지를 써야 하니까요. 사랑과 존중의 마음을 기반으로 하되 절묘한 때에 꾸욱 눌러쓴 모자를 한 순간 벗기듯 불신을 벗겨야 합니다.

보통 사람과 세상에 대한 불신, 결국 나에 대한 불신이 짙으면 짙을수록 그 기원을 찾으면 당연히 또 가족사와 양육 배경에 있습니다. 그것을 기초로 학창 시절과 비교 경쟁의 사회 분위기로 이어진 경험들과 함께 자신의 세계관, 사고방식은 단단하게 굳어갑니다. 이렇게 굳어진 자신의 생각 속에서는 내가 이렇게 고통스러워도 도저히 해결할 방법이 없어 보입니다. 가족사와 양육 배경에 그 씨앗이 있다는 이야기 조차도 거부합니다.

잘난 놈은 같은 환경에서도 남다르지 않을까?
난 글러먹은 사람 아닐까?

절대적인 한 가지 원인 만으로 세상의 현상이 만들어지지 않는 걸 알면서도 차근차근 뜯어보고 해석하려고 하지 않습니다. 이미 상처와 울분과 속상함이 가득한 내면으로 인해 복잡한 것들을 풀어 갈 에너지가 없습니다.
어릴 적부터 체화된 무력감으로 인해 '내가 뭘 한들 되겠어?' 라는 생각만 큽니다.

그래서 빠른 속도로 자책과 자기반성, 자기 비하로 정리합니다.
시선을 밖으로 돌려 비판도 해보고 해석도 해보고 방법도 찾아보려 하지만 복잡하게 얽힌 것들을 풀어가는 것이 생각만 해도 버겁습니다.

내 탓, 내 못난 탓, 내 부족한 탓으로 방향을 바꾸는 것이 가장 손쉽습니다. 이러나 저러나 나는 내 맘대로 할 수 있으니까요. 그리고 왠지 이게 더 어른스럽고 성숙해 보이기도 합니다.
원망, 남 탓은 어린애들이나 하는 거니까요.

손쉽게 자책, 자기 못남으로 숨어놓고 한편으로 자신은 훌륭하다고도 여기며 위안합니다.
'세상은 이미 많은 것들이 정해졌고 나도 여기까지야.' 이런 고정 마인드셋이 순간적으로 사신을 편하게 만듭니다. 사실 마음은 무기력해지는 거지만요.
너무 오래 자신을 방치하고 길을 잃다 보면 변화하고 싶지만 너무 늦은 거 같기도 하고 앞이 멀어보입니다. 그래서 구실을 찾습니다.
지금이라도 방법을 찾고도 싶지만 이미 이렇게 버거운데 새롭게 가는 길도 또 버거울 거라면 그냥 '난 안 돼' 라는 근거를 찾는 것이 낫겠다 싶습니다. 누군가 내가 안 되는 이유를 조금만 알려 준다면 바로 수긍하고 그냥 옛날처럼 살아도 되는 명분을 획득하는 겁니다. 그렇게 지금 같이 살아도 된다는 편안함을 획득합니다.

좀 징징거리고 심술 좀 부리며 불평불만 적당히 하고 난 못났다고 겸손한 척 하다 보면 어느덧 시간이 흘러가고 삶은 살아지겠죠, 인생은 이런 거 아닌가요?

'역시 난 안 돼.' 이걸 확인하려고 코칭을 신청한 걸까 싶을 정도로 불신이 큰 분들이 계십니다.

결론은 어떻게 변화하고 싶은 걸까요?
숱하게 사람들을 만나며 라이프 코치로서 정리해본 바로는, 우리는 스스로의 중심과 주관을 갖고 자신이 원하는 것들을 경험하고 실현해 보고 싶어합니다.

부모의 기대에 부흥하고 사회에서 인정 받고 돈이나 지위로 대우 받는 표면적인 목표들은 한 생애의 과정에서 사실 부분입니다.

그런데 이상하게 대다수가 남들의 눈, 인정 욕구, 돈과 지위에 매우 혈안이 되어 이것이 전부인 냥 살아갑니다. 이것을 증명하고 이것을 보란 듯이 해내야만 직성이 풀릴 거 같은 모호한 복수심과 분노에 사로잡혔거나 애시당초 끼지도 못했다면 다 접고 자기 비하나 하자, 이런 분위기 입니다.

삶을 만들어 가는 다양한 요소들의 균형이 깨지고 배가 뒤집히기 직전 입니다. 역사적으로 인류 문화적으로 왜 이렇게 되었는지 그 원인 이야 책 10권도 더 재밌게 풀어갈 수 있을겁니다만 중간 생략하고요.

여하튼 이런 세태 속에서 불행하다고 느끼거나, 불만족스러울 경우 저에게 찾아오시는 겁니다.

"나를 찾고 싶어요"
"내 기준이 없어요"
"남 눈치, 남 신경 쓰느라 아무것도 못해요"
"줏대 있고 싶어요"
"내 소신대로 해보고 싶어요"
"자유롭고 싶어요"
"내 힘을 찾고 싶어요"
"벗어나고 싶어요"

나의 중심, 주관, 스스로의 개성과 자유를 가지고 인정도 받고 사랑도 받고 돈도 벌고 살고 싶은 겁니다. 학벌, 지위, 부자 같은 현상도 세상에 있다니 기웃거려 보기도 하겠지만 천천히 생각하면서 나에게 맞는 방법과 행복을 찾는 과정에서 이것들이 따라와도 좋고 아니어도 괜찮고 싶은 겁니다.

그럼에도 우리 눈 앞에 비중 있게 펼쳐진 세상 풍경은 남 눈치보며, 인정과 사랑을 구걸하고, 돈과 지위를 쫓는 와중에 누구보다 앞선 인간이 되어 으스대는 것이 최고의 목표이고 성공으로 보입니다.
잘 생각할 필요도 없습니다.

그냥 이것이 생입니다.

이 풍경을 의심하고 나만의 길을 간다는 것은 굶어죽는 일이거나 무시무시한 실패, 고립의 길로 착각됩니다. 모두가 나를 버리고 비웃으며 자기들끼리 행복할 거 같습니다.

절대 불가능할 거 같은 줏대 있는 삶과 나만의 행복으로 어떻게 변화할 수 있을까요?

1) 자신이 깊게 갖고 있는 세상을 보는 눈, 사고방식에 질문을 던져보세요

　인간은 많은 잠재 가능성을 가지고 태어나고 오랜 기간 길러지고 학습되면서 그 가능성들이 키워집니다. 다시 말해 잘난 사람은 처음부터 다르게 태어나서 역시 다른 것이 아니라 어떤 생명이든 주변 환경과 상호작용을 합니다. 양육자 및 가까운 어른들로부터 강력하게 영향 받음으로써 어떤 존재로 만들어지느냐가 결정된다는 겁니다.

지금 내가 갖고 있는 지배적인 생각, 세상을 보는 시선 등은 그냥 타고난 내 몫이 아니라 주변과 함께 만들어졌다는 걸 반드시 기억하세요.

'나 같은 게, 이미 부족한 내가 뭐 별 수 있겠어?' 이런 습관적 사고 패턴을 완전히 청소해야 합니다. 내 사고방식이 어떻게 형성되고 만들어졌을지 짚어보는 시간을 가져야 합니다.

💎 어디서 그런 생각에 영향을 받았지?
💎 난 왜 그것을 당연하다고 생각하고 있지?
💎 다른 관점을 갖는 다는 건 뭘까?
💎 다른 관점을 갖고 있는 존재들은 어디에 있지?

부담스럽거나 복잡하다고만 여기지 말고 자신의 생각을 의심해보고 질문도 던져보면서 생각을 해보는 겁니다. 생각을 하는 과정에서 감정이 북받치기도 하고 두렵거나 가슴 떨릴 수도 있지만 그 감정들의 흐름도 차근히 지켜보면서 깊이 생각을 해보면 좋겠습니다.

사실 이 버겁기도 하고 격렬하기도 한 과정을 혼자 감내하기 어려워서 전문가가 있는겁니다. 책도 보시고 영상도 찾아 보시면서 스스로에게 질문하고 깊이 생각해 보는 중에, 코치든 상담사든 찾아가 보시는 것도 강력하게 추천합니다.

2) 빠르게 외부의 현상이 바뀌어야 한다고 생각 말고 매일 내 마음가짐만 달리하세요

표면적인 것이 당장 바뀌어야 한다는 조급함을 버리세요.
자책과 자기 비하에 방점이 찍혀있는 만큼 변화를 향한 새로운 시도에 있어 빠르게 성과가 안 나오면 역시나 자기 탓을 합니다.
'역시 그러면 그렇지, 내가 뭘.'
내가 못 낫다, 내가 잘 낫다는 평가와 증명의 패턴에서 빠져 나와야 합니다.

모든 변화의 핵심은 겉이 아니라 속입니다.
남이 어떻게 보든 내 마음이 편안하면 되고 내가 만족하면 되고 내가 충만하면 끝입니다.

내 내면에 집중하고 나에게 심취하는 시간을 그저 지속할 뿐인데 어느덧 외적으로도 그것이 티가 나게 되는 겁니다.
아무도 내 인생 대신 살아주지 않습니다. 우린 결국 독립적인 고독과 내 우주의 비밀을 알아야 합니다. 아무도 알아보지 못해도 내 눈에만 보이는 그 비밀 같은 맛, 그 감각이 살아나야 합니다.

시선은 밖을 보는 거 같지만 내 내면이 충만한 빛과 이야기들로 가득해서 마냥 미소지어지는 표정.
사람들이 "너 뭐가 그렇게 행복하냐, 표정이 왜 그렇게 좋냐." 이것이 진정한 변화입니다.
겉으로 보여지는 것을 가지고 증명하고 확인하려고 하면 표정은 더 어두워집니다.

나만의 비밀 속에서 세상이 다시 보여야 합니다.
매일 내 마음만 보세요.

나에게 심취하고 작은 시도와 행동들을 혼자 즐기세요.
보여주려고 하지 말고 내 마음가짐, 내 마음의 방향만 주시하고 따라가고 정성껏 가꾸세요.

그 비밀스러운 축복과 행복의 맛을 꼭 만나시길 바랍니다.

4부. 자아 찾기_진짜 나로 살아가기

Chapter5.
자기 계발

꿈과 성장을 향해

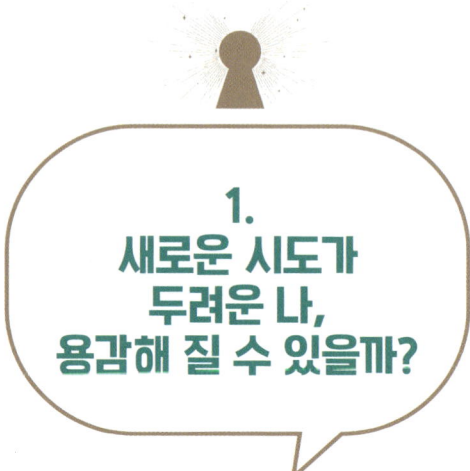

1. 새로운 시도가 두려운 나, 용감해 질 수 있을까?

누구나 새로운 시도와 도전, 낯선 경험과 활동에 두려움을 느낍니다. 자신이 원해서 실행하는 것조차 우리 자신을 안전하게 지키고 싶어하는 뇌세포는 두려움이라는 감정을 느끼게 함으로써 조심스럽게 상황에 임하게 합니다.

사실 두려움은 필요한 감정입니다.
신중하고 차분하게 상황을 따져서 정말 우리의 안전을 지켜 주기도 하니까요.

그럼에도 나를 안전하게 지키기 위한 두려움이 너무 크고 오래 지속된다면 이 또한 스스로에게 불만족을 안겨 줄 겁니다. 막상 별것 아닐지도 모르고 경험이 거듭되면서 능숙해 질 수도 있는데 그 단계로 넘어가는 것 자체를 방해하니까요.
스스로도 답답하고 위축감은 오히려 커져만 갈 수 있습니다.

보통 새로운 시도에 두려움을 많이 느끼는 고객님들의 경우를 살펴보면 다음과 같습니다.

아직 어리고 젊은 나이의 경우 대부분 두려움을 많이 느끼고 긴장을 합니다. 당연히 어른들의 보호 속에서 자립적인 경험이 부족하기 때문에 넓은 세상으로 나아가는 것 자체가 굉장히 떨립니다. 게다가 입시 위주의 공부를 중심으로 학교, 학원, 집 정도의 한정된 영역에서 한정된 경험을 했기에 당연히 새로운 세상과 경험을 원하면서도 두려움도 큽니다.

기대를 듬뿍 받아온 사람들의 경우에도 새로운 도전과 변신, 변화를 원할 때 많이 주저합니다.
3대 독자, 집안의 장손 같이 전통적인 측면에서 주요하고 귀하게 위치한 경우가 있죠.

또 어쩌다 보니 늘 말을 잘 들어왔든, 늘 공부를 잘 했든, 늘 착했든, 늘 어른스러웠든, 늘 돈을 잘 벌었든, 가족 및 주변 사람들에게 좋은 소리를 많이 들어온 사람들도 새로운 변화가 어렵습니다. 가까운 사람들을 실망시키는 자신을 원하지 않기 때문이죠.

많이 혼난 사람들도 새로운 시도가 어렵습니다.
양육에서든 교육시설에서든 당사자의 개인적 특징들이 고려되거나 소통되지 않고 일방적으로 어른들을 만족시켜야 했던 사람들, 자신만의 시도를 과노하게 비판 당했거나 약간의 실수에도 비난을 자주 들었을 경우, 새로운 도전, 변화를 하려고 할 때마다 마음이 위축되고 눈치를 보게 됩니다. 나의 선택과 행동들에 있어 누군가 뭐라고 할지도 모른다는 생각이 앞섭니다.

한 가지 일, 일관된 환경, 반복되는 일상에서 오래 살아온 사람들도 당연히 새로운 시도가 쉽지 않겠죠? 오래 아이만을 키워온 엄마, 한 직장에 20여년 몸 담은 직원, 너무 안정적으로 편안한 것만 추구해온 사람, 우울과 무기력이 장기화된 사람들 등이 새로운 도전과 변화가 쉽지 않습니다.
스스로의 불만족을 타개하고 싶어서든, 내가 변화하지 않으면 안되는 급박한 상황에 처했든 변화를 해야 하는데 새로운 시도에 있어 심리적인 압박을 많이 느끼곤 합니다.

현대인들에게 있어 이 모두는 심리적인 문제입니다.
새로운 시도를 하는데 있어 신체적으로, 물리적으로 위험할 확률은 떨어지니까요.
그렇다면 우린 심리적으로 무엇을 두려워 하는 것일까요?
새로운 시도를 하다가 겪을 창피함, 타인을 실망시킴, 자신에 대한 실망, 잘 모르는 것들에 대한 당황스러움, 막연히 망하기 싫음, 쉽게 성공하고 싶음, 편안하고 싶은데 괴로울까봐, 새로운 시도를 했지만 결국 얻는 것이 없을까봐 등 모두 나쁜 기분을 두려워 하는 겁니다.
그렇다면 어떻게 이 나쁜 기분을 헤쳐나갈 수 있을까요?

나쁜 기분 자체를 없애는 것은 불가능합니다.
새로운 시도에는 나쁜 기분이 동반 될 수 있다는 걸 순순히 인정하고 감당하기로 마음 먹는 것, 나쁜 기분들이 찾아올 때마다 알아차리고 잘 다루는 방법들을 찾아내는 것이 필요합니다.

지혜로운 마음가짐과 과정들에 익숙해지다 보면 생각보다 별거 아니라는 감정도 만날 수 있고 뜻밖에 능숙한 자신도 만날 수 있습니다.

그러면 나쁜 기분을 감당해 나가기 위한 두 가지 실행법 정리합니다.

1) 쪽팔릴 준비를 하세요

쪽팔려서 자존심이 상한다는 그 경험을 마음으로 단단히 준비하세요. 창피해서 어쩔 줄 모를 수 있다는 걸 미리 마음 먹으세요.
사람들의 기대에 부흥하지 못하고 실망시킬 수도 있고, 매우 놀라게 할 수도 있습니다. 정말 누군가는 다가와서 네가 이럴지 몰랐다고 말할 수도 있겠죠.

이것들을 미리 예상하세요.

대단한 것까지 바라진 않았지만 그래도 내가 이 정도 밖에 안 되는지 몰라서 스스로도 실망할 수 있습니다. 나도 별 수 없고 별 볼 일 없을 수도 있습니다. 생각보다 너무 어렵고 머리가 아플 수도 있습니다. 생각보다 많이 고생할 수도 있습니다.
상상한 것과 너무 다를 수도 있습니다. 그렇습니다.
마음이 들떠서, 혹은 필요해서 새롭게 도전했는데 기분 더러울 수 있습니다.
기분 되게 나쁠 수 있습니다.
그런데 해보는 겁니다.

너무 심하게 기분이 나쁘면 그때 또 생각해 봅시다. 잠시 중단을 하든 다시 생각을 하든 다 때려치우든 그 때 생각해 봅시다.

그런데 절대 쪽팔리고 더럽고 실망스러운 기분만 있지 않습니다.

오히려 나쁜 기분은 생각보다 잠시고 빠르게 보상과 대가가 오는 경우가 많습니다.

상상치 못했던 좋은 기분을 발견하실 수도 있습니다.

2) 넘어지고 일어나는 연습을 하세요

　피겨 스케이트 김연아 선수는 경기에서 실수를 많이 하고도 금메달을 잘 딴 선수라고 합니다.

실점보다 자신만의 특별한 기술에서 받은 점수가 훨씬 높았기 때문이죠. 그러니까 바로 직전까지 넘어지거나 실수를 했더라도 그것에 전혀 신경 쓰지 않고 그냥 다음 할 일을 한다는 겁니다. 점수는 경기가 다 끝나고 총합 될 테니까요.

이를 위해 연습 때 하는 훈련이 있습니다.

넘어지지 않는 연습이 아니라 넘어지면 일어나는 연습을 합니다. '절대 넘어지지 않을거야' 가 아니라 '넘어지면 어떻게 할까?'

이 훈련을 합니다.

꼭 운동선수만 이런 훈련을 할 필요가 있을까요?
우리도 인생이라는 경기에 이 훈련을 적용하면 어떨까요?

절대 쪽팔리지 않을거야, 절대 실패하지 않을거야, 누구보다 빨리 잘 할거야가 아니라,

- 쪽팔리면 어떻게 할까?
- 쪽팔린 다음에 어떻게 해볼까?
- 실패하면 어떻게 할까?
- 생각대로 잘 안되더라도 그 다음에 어떻게 해볼까?
- 누구보다 빨리 잘 하는 멋진 내가 되지 못하더라도 어떻게 해볼까?

새로운 시도 과정에서 중간에 넘어지더라도 그냥 일어나기로 하는 것, 넘어진 다음에 무엇으로 넘어갈것인가를 예상해보고 궁리해보는 것. 결국 우리도 김연아 선수처럼 실수와 실점에도 불구하고 금메달을 따게 될겁니다.

2. 많이 의존적인 나, 홀로 설 수 있을까?

처음 이런 이야기를 꺼낼 때 스스로가 의존적임을 알고 말씀하시는 경우는 드뭅니다. 불안하고 화가 나는 안 좋은 감정들의 원인을 추적하는 과정에서 자신이 의존하는 상태였음이 밝혀지는 건데요.

다양한 사례 중에 한 사례를 공유해 볼게요.

"친구들이 저한테 선을 넘고, 무시하는 거 같은데 아무 말을 못하겠어요." 라고 말씀하신 분의 경우를 보면,

친구들이 자신을 편안하게 생각하길 바래서 뭐든지 받아주려고 했는데 어느 순간 보니 친구들이 선을 넘고 있다는 생각이 든겁니다.

여기에 한 가지 더 특수한 상황이 더해집니다.
그러니까 모든 친구들과 이런 건 아니고 이런 상황을 만들게 되는 친구 부류가 있습니다. 바로 자신이 좋아하는 친구들입니다.
이 분은 보통 감정적이지 않고 이성적인 사람들, 감정을 금방 털어내고 일상으로 돌아오는 사람들, 시원하게 결정하고 단호하게 결단을 내리는 사람들을 마음에 들어하고 한 번 인연을 맺으면 반드시 잘 지내고자 욕심을 내게 됩니다.
그렇다면 왜 유독 이런 사람들을 끌려할까 이야기를 나눠보니 자신이 매우 감정적이라고 합니다. 이렇게 나와 반대되는 친구들과 함께 하면 내가 부족한 부분에 있어서 조언을 해주고 도움을 줘서 이 부류를 결코 놓치고 싶지 않다는 군요.

그래서 이 분은 항상 이들 옆에서 좋은 분위기를 만들고 이들과 잘 지내는 것에 매우 집중을 했던 거 같습니다. 감정적인 자신을 별로라고 여기고 이성적이고 냉철한 것을 멋진 것으로 여겼기에 자신의 있는 그대로의 모습을 솔직하게 보이는 것도 절제했을 겁니다.

자신을 감추느라 얼마나 답답했을까요?

서툴게 드러날 때 감정적인 것이지 감정 표현이 솔직하고 풍부한 사람의 장점도 있을 텐데, 그런 장점조차 빛을 발하지 못했을 겁니다.
아마 친구들도 이분에 대해 정확히 알지 못했을 겁니다.
그들이 아는 만큼 그저 편하게 행동했을 뿐인데 이분은 자신이 자신을 숨겨놓고 언제부턴가 친구들이 선을 넘는다고 오해할 수 밖에 없었을 겁니다.

여기서 의존적인 지점을 말씀드리겠습니다.
우리는 타고난 기질, 좀 더 치우쳐진 경향으로써의 개성이 있습니다. 좀 더 내향적인 사람, 좀 더 외향적인 사람, 좀 더 활동적인 사람, 좀 더 정적인 사람. 또 자란 환경에 따라서도 더 강화되고 발달된 모습과 다소 미개발 되고 취약해 보이는 모습으로 나뉘어지기도 합니다.

나와 다른 개성의 사람을 불편하게 여기기도 하지만 나에게도 있었으면 하는 모습을 갖고 있는 경우 끌리기도 해서 다가가게 됩니다.
결국 닮고 싶은 모습, 배우고 싶은 모습이 있을 경우 우린 함께 하고 싶어지는데, 여기서 끝나면 안됩니다. 나에게 없는 면을 갖고 있는 사람을 옆에 두고 그에게 의존만 하면 결국 그 사람이 사라지면 난 다시 반쪽이 됩니다. 결국 이 사례의 분도 이성적인 면을 친구에게 의존한 거고 의존하는 만큼 그 친구들을 잃지 않는 것에만 급급했던 거죠.

1) 그 사람에게 의존하는 면을 내 안에서 깨워내세요

나에게 없는 면을 갖고 있는 상대를 참고하며 비슷하게 따라 해보면서 결국 내 안에서 그런 면을 깨워내야 합니다. 그 사람의 배울 점을 내 것으로 만들어야 합니다.

분석 심리학 용어를 빌리자면, 내 안에 있는 역할적, 성격적 원형을 깨워 내서 페르소나화 하는 것입니다. 우리의 유전자 안에는 오랜 역사 속 조상들의 경험과 기억들이 대대손손 이어지며 무한한 잠재 가능성으로 꿈틀대고 있다고 합니다.

쉽게 설명하면 화가들의 경험, 춤꾼들의 기억, 학자, 군인의 기억과 경험들, 엄마, 아빠의 반복된 역할적 경험들부터 파괴자적 면모, 신성한 면모, 인자한 성격, 야비한 성격 등 느낌적 느낌으로 알 것만 같은 다양한 성격적 특징들까지 우리 내면에 가능성으로 살아 숨 쉬고 있습니다.

우리 인간들이 공통으로 인지할 수 있는 이러한 특징들을 집단 무의식이자 '원형'이라고 표현합니다.9)

---

9. 이부영 지음, [그림자], 한길사, 2008, P35.

따라서 나를 이미 고정되었다고 판단하지 않고, 나에게 필요한 모습의 원형을 내 안에서 깨워 내서 페르소나화 할 수 있습니다. 무엇보다 타인과 동일하게 그 모습을 복제하는 것이 아니라 나답게 만들어내는 것이 중요합니다.

이 분의 경우는 이성적이고 단호한 면모의 원형을 자신 안에서 깨워 내어 페르소나화 할 때, 결국 그런 부류들을 반드시 옆에 두고 그들로부터 답을 구하며 의존하려는 마음이 사라질 것입니다.
나 다운 방식으로 이성적이고 단호한 나만의 태도, 행동 기술을 찾아내고 사용을 해봐야 합니다.

이렇게 인간은 나만의 초기 기질을 시작으로 다양한 부분들을 내 안에서 깨워내고 겸비하면서 자유로워지고 싶어합니다. 무엇이든 가능한 사람이 되면 해결할 수 있는 문제가 더 많고 마음이 훨씬 편해지니까요. 뭐든지 다 잘한다는 의미라기보다 다양한 가능성에 마음을 열며 나 다운 방식으로 조화를 갖추며 성장하고 싶어합니다.

유사한 사례들이 연인들에게도 많습니다.
나에게 없는 모습에 끌려 그것만 보고 덜컥 결혼하고 나서 그제서야 배우자에게서 발견되는 또 다른 모습에 매우 놀라게 되는 경우가 있습니다. 내가 해야 할 시도는 계속 두려워 하고 내가 해야 할 일을 배우자에게 위탁합니다.

의존하고 실망하고 자신은 욕구 불만인 상태에 머무르게 되지요.

결국 내 안에서 내가 필요한 모습을 탄생시켜야 합니다.
그리고 배우자는 있는 그대로의 존재로서 다시 살펴보고 자신의 삶을 살도록 지지해줘야 겠지요.

이렇게 홀로 서고 다시 협력해야 겠지요.

2) 내 안에서 원형을 깨워 내기로 했다면 서툴러도 반복적으로 연습하세요

　다소 감정적인 측면이 강했던 사람이 이성적이고 단호한 모습을 깨워 내기로 했다면 당연히 연습이 필요합니다. 원래 같았으면 짜증을 냈거나 울어버렸을 수도 있는데 연습을 하기로 정한 시간에는 덜 표현하고 가만히 있어보는 겁니다. 원래 같았으면 거절을 못하고 끌려갔을 수 있는데 연습을 하기로 한 설정에서는 "미안해, 오늘은 가봐야겠어." 하고 말해보는 겁니다.
가슴이 뛰고 식은땀이 흐르더라도 내가 그런 모습과 친해져야 합니다. 그러면서 점점 더 노련하게, 나 답게 다듬어 가게 됩니다.

나랑 반대되는 친구에게 묻고 답을 구하는 것에서 넘어서서 내가 해봄으로써 감을 찾는 겁니다.
새로운 모습의 페르소나를 탄생시키기 위해 과거의 내 모습을 버려서는 안됩니다. 잘 통합하는 것이 목표입니다. 감정 표현이 솔직하고 감성이 풍부한 사람으로서의 장점과 이성적이고 냉철한 사람의 장점을 잘 버무려 보세요.

다양한 페르소나들을 의상처럼 코디하세요.

바로 눈 앞에서 단호한 것이 내 스타일이 아니라면 쪽지를 적어서 건네보세요. 아니면 둘러대면서 상황을 피해도 보세요.

정답이 없습니다. '나' 스럽게 해내는 것이 중요합니다.

타인에게 의존하지 않고 내 안의 가능성들을 내 방식으로 궁리하면서 연습하다 보면 의외의 쾌감이 따라옵니다. 시도했다는 쾌감, 의존하지 않고 스스로 해내고 있다는 쾌감, 해보니 별거 아니기도 하다는 쾌감, 재미있다는 쾌감.
우린 독립적인 개체로서 홀로서는 경험을 할 때, 스스로의 힘으로 어려운 문제들을 해결할 때 상당한 기쁨과 뿌듯함을 느낍니다.

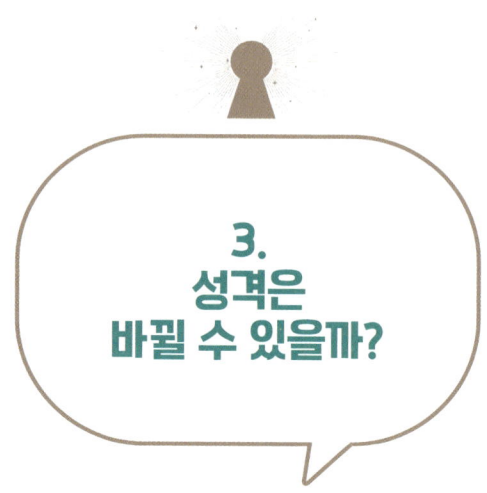

3. 성격은 바뀔 수 있을까?

　우리는 타고난 생김새, 기질, 성향 등 각자만의 개성이 있습니다. 그럼에도 우린 다양한 개성을 평등하게 바라보며 각기 다른 매력과 장점을 인식하지 않는 경향이 있습니다.

사회, 시대가 선호하는 성격과 모습, 부모가 아이에게 바라는 성격과 모습 등으로 각 개인들은 다양한 성격적 특징들을 평등하게 보지 못하고 우월하거나 좋은 성격, 부족하거나 못난 모습들로 구분하게 됩니다.

그렇게 자신을 부족하거나 나쁘다 라고 여김으로써 자신에 대한 이해와 파악이 왜곡됩니다.

소심하다고 말씀하는 분들이 정말 소심할까요?

다혈질이 정말 나쁜걸까요?

각각의 특징들을 새롭게 바라보고 인식하면 전혀 다른 관점이 생기고 그 관점이 생기면 바꿔야 할 성격이 아니라 지혜롭게 다루고 매력적으로 가꿔야 할 자신이 됩니다.

성격을 바꾸지 마세요. 타고난 개성을 버리지 마세요.
어차피 다른 사람이 될 수도 없습니다.

모든 면을 평등하게 바라보는 새로운 시선으로 자신을 다시 파악하세요. 그리고 앞으로 확장하고 겸비하고 싶은 면모, 성격을 개발하고 겸비하세요.

1) 있는 그대로의 자신을 수용하고 자기 성격의 장점과 강점을 파악하세요

사회로 인해, 부모님으로 인해 판단하고 평가하고 있는 자신을 향한 관점이 정말 당연한지 바라보세요.

코치로서 고객님들을 만나면 왜 자신을 소심하다고 여기게 되었는지 지난 과정을 짚어봅니다.

왜 다혈질을 나쁘게만 봤는지의 그 동안의 경험을 짚어봅니다.
타고난 기질이 존중 받지 못해서 2차적으로 만들어진 부자연스러운 성격들을 살펴봅니다.
부정적으로 여기는 성격적 특징들을 모두 긍정적인 어휘로 전환해봅니다.

- 소심해요 -> 조심성이 있어요.
- 게을러요 -> 여유로와요.
- 욱해요 -> 화끈합니다.
- 미뤄요 -> 신중한 편이에요.

지금의 예시들은 단편적이지만 코칭은 몇 회를 거듭하면서 진실을 파헤칩니다.
내가 나쁘게 봐온 측면들, 부족하다고 여긴 측면들만이 할 수 있는 일이 있습니다.
미워하지 마세요. 그 부분들을 미워하도록 만들고 왜곡된 2차 성격으로 강화시킨 경험들로부터 자유로워지세요. 타인과 비교하지 말고 나에게 맞는 삶의 노하우를 만드세요.
있는 그대로의 나를 인정하고 수용하고 사랑하면서 앞으로 겸비해 나가야 할 방향을 자신의 과거와 연결하여 구체화 하고 연습하면 생각보다 신나고 재미있습니다.

2) 겸비하고 싶은 면모를 기존의 자기 성격에 추가하여 코디하세요

 기존에 부족하고 나쁘게 여겼던 자신의 성격을 재해석하게 되면 이 또한 매우 필요한 요소임을 깨닫게 됩니다. 버려버리거나 바꿔버려서 이것을 소멸 시켰을 경우, 오히려 문제가 되지요.
모든 성격과 면모는 사실 삶을 만들어 가는데 필요한 다양한 기술이자 자원들입니다.

타고난 조심성 있는 성격의 장점을 활용하면서 결정적인 순간에는 과감한 행동을 하기로 하고 연습합니다. 타고난 화끈한 성격의 장점을 활용하면서 때와 장소를 가리는 감각을 익히며 지혜롭게 다루는 연습을 합니다.

나의 성격적인 면모나 행동방식들을 수려하게 만들어 나가는 것 또한 운동이나 연주, 언어나 그림 실력같이 잘 익히며 연습하고 훈련해야 합니다.

내향적인 분들이 위축감이 많습니다.

내향적이어서 깊이 있는 연구와 탐구가 가능하고, 특별한 창조물이 탄생하는데요, 자본주의 산업 사회가 물건을 파는 세일즈맨의 역할을 중요하게 여기고 사교적이고 외향적인 성격을 선호하게 되면서 무조건 발표 잘 하고 인사 잘 하는 사람을 유능한 쪽으로 범주화 했습니다. 이런 역사적인 사회 흐름들도 잘 파악하면서 자신을 다시 바라보면 좋겠습니다.

당신은 부족하고 못난 사람이 아닙니다.

당신만의 역할과 재능이 있고, 그것을 발휘하면서 또 다른 나를 겸비하고 확장하며 성장하면 좋겠습니다.

저는 페르소나 - 코디네이팅 이라는 표현을 자주 씁니다.
옷장에 다양한 종류의 옷을 갖추고 적재적소에 알맞은 옷을 선택하거나 자신만의 스타일로 코디 하듯이 나의 성격과 면모들을 페르소나라고 표현했을때 다양한 옷을 갖추듯 페르소나를 구비하고 때에 맞게 선택하고 코디 한다고 생각하면 꽤나 자유롭고 신선해집니다.

조용한 페르소나, 활발한 페르소나, 진지한 페르소나, 유쾌한 페르소나, 단호한 페르소나, 수용하는 페르소나, 내 안의 다양한 모습들을 의상처럼 걸치면서 상황에 맞게 잘 코디 해 보세요.

처음엔 어색한 스타일로 연출 되겠지만 어느덧 꽤나 스타일리쉬하고 멋스러운 자신이 되어 있을겁니다.

그리고 혼자 있는 시간으로 돌아오면 모두 벗어 버리고 나에게 가장 편안한 페르소나, 의상으로 갈아입으세요.

4. 빠르게 실력을 키우려면?

자신이 선택한 분야에서 실력을 갈고 닦아 전문가로 성장해내고자 하는 열정적이고 의욕적인 분들을 만나면 저도 덩달아 자극 받고 힘도 납니다. 한 번 태어난 인생, 나만의 능력을 키우고 재능을 발휘하며 자신의 가치로 사회에 기여하는 경험은 매우 소중하고 아름답지요.

그런데 열정적인 마음도 자칫 도가 지나치면 조급한 마음과 불안한 마음 또한 키웁니다. 원해서 시작한 공부나 일이건만 도리어 자신을 괴롭게 만들 수 있습니다.

성공에 대한 집념이 때로는 독이 되는 분들이 있습니다.
유독 성공이라는 단어에 집중하는 분들의 경우 심리적인 문제가 숨어 있기도 합니다.

'보란 듯이 나를 증명해서 본때를 보여주고야 말거야.' 하는 복수심이나 응어리가 있는 경우가 있고 항상 뭐든 잘 하고 빨리 인정 받아 버릇 해서 조금의 실패나 실망을 용납할 수 없는 경우도 있습니다.

무시 받아본 경험, 인정 받지 못했던 경험이 만들어 내는 조급함, 언제나 잘 하는 자신이어야 한다는 강박은 자신이 좋아서 선택한 분야임에도 더 이상 즐거움을 느끼지 못하게 합니다.

또 소심한 마음, 두려운 마음에 너무 오랜 기간 준비만 하는 경우도 있습니다. 아무리 실력을 향상 시켜도 늘 자신이 보기엔 미흡합니다. 부족합니다. 험난한 세상에 나가려면 더 많이, 더 완벽하게 준비하고 실력을 더더욱 높여야 할 거 같습니다.
아무도 나를 무시하지 못하게요.
그런데 그 순간은 언제 일까요?
완벽하게 실력을 갖춘 순간이란 뭘까요?

심리적인 문제들이 숨어 있다면 이것을 잘 해석하고 치유하며 교정해야 할 필요가 있습니다.

잘못 설정된 인식이 자신을 괴롭힐 수 있으니까요.

심리적인 부분을 점검했다면 다음으로는 이렇게 해보세요.

1) 3년, 1년, 1개월 식으로 장기 목표와 단기 계획을 명료하게 정리하세요

우리는 추상적이고 모호한 개념을 수치화 하고 언어로 명명하며 정확하게 지정할 때 편안한 감정을 느낍니다. 막연하게 실력을 키워야지 라고 말하지 말고 정확하게 어떤 부분을 얼마만큼 언제까지 향상 시킬시 지정하고 명명하는 것이 좋습니다.

그렇게 정해진 기간 동안에는 주어진 항목을 단순하게 반복 실행하고 감정을 섞지 마세요.

3년간을 넓게 실력 향상의 기간으로 정하고 1년간의 부분 항목으로 '90점 이상 달성할거야' 라고 지정했다면 그것을 실행하는 동안 괜한 감정을 키우고 소비하지 마세요.

1달간 하루에 10장씩 그림을 그리기로 했다면, 하루에 10단어를 외우기로 했다면 그냥 기계적으로 하기로 한대로만 하세요.

그리고 한 달에 한 번 몰아서 스스로 평가를 해보거나 상황을 살펴보세요.

3년이든, 1년이든 설계해 놓은 목표와 계획은 3개월에 한 번 씩 점검하면서 실천 해보니 알게 된 상황들을 적용하여 수정 보완 할 수 있습니다.

2) 빠르게 실무로 뛰어드세요

사실 실력은 실전에서 제대로 향상됩니다. 빠르게 실무로 뛰어드세요. 내 마음이 편할 때 까지, 완벽할 때 까지 준비한다는 것은 불가능합니다. 기본적이고 기초적인 지식과 기술이 적당히 원활하게 작동되면 그냥 바로 실전으로 뛰어드세요.

보조 업부, 아르바이트, 임시직 혹은 자신의 능력을 전시할 수 있는 온라인이나 오프라인 등 다양한 현장 실무에서 바로 자신을 사용해 보세요.

가슴 떨리고 부끄럽고 당황스러운 감정에도 불구하고 이 때가 가장 크게 실력이 향상되는 순간입니다.

준비 모드는 늘 준비 정도의 집중력과 에너지를 사용하지만 실전에서는 그 이상의 초월적인 감각과 힘을 끌어내려고 합니다. 책임을 다하고 자존심을 지키고자 하는 마음 때문이지요.

괜찮은 자신이 되고자 최선을 다하는 순간은 확실히 실전이라는 것. 그리고 공부와 실제 업무와의 차이를 알 수록 자신이 보완해야 하는 부족한 지점을 빠르게 찾을 수 있습니다.

준비된 기본기와 기조를 실전에서 사용하면서 현실적인 실력을 어떻게 키울지, 나에게 맞는 노하우는 무엇일지 찾게 됩니다.

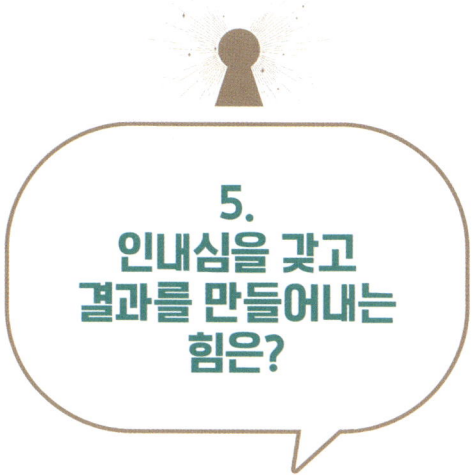

5. 인내심을 갖고 결과를 만들어내는 힘은?

저는 시작만 잘 하지 끝을 잘 못 맺는 거 같아요.

이거 저거 관심은 많은데 하나를 꾸준히 못해요.

책도 쓰고 자기 레시피도 개발하고, 그런 사람들은 어떻게 그렇게 하죠?

이런 고민을 하시는 분들도 많습니다.

무언가를 꾸준히 지속하고 어려운 고비를 넘기며 끝을 내고 결과물을 완성한다는 것.

이 또한 도전이고 훈련입니다.

해 볼 만한 도전이고 훈련이지요.

도파민 중에 가장 고급지고 의미 있는 도파민이 성취 도파민이라고 말씀 드렸죠? 등산 하나를 해도 정상에 오르기까지 얼마나 많은 생각이 들고 힘이 드나요.

좋아하는 일이라고 시작했는데 조금 난이도가 높아져서 힘이 들면 이게 내가 좋아하는 게 맞나 싶고 나에게 안 맞는 거 아냐 라는 식의 판단도 하게 됩니다.

그런데 결국 끝을 보고 무언가를 완성하려면 좋고 즐거운 감정에 너무 연연해 하면 안됩니다.

목표를 정하고 완성하거나 달성하는 경험은 그것 자체를 목적으로 훈련을 해야합니다.

좋았다, 싫었다, 힘들었다, 할 만했다가 하는 변화 무쌍한 감정을 개입시키면 목표 달성과 완성의 훈련은 할 수가 없습니다.

잘 하는지 못하는지, 남들이 뭐라고 생각할지, 실컷 끝까지 갔는데 별 볼 일 없으면 어떡하지 등의 감정 개입도 금물입니다. 그냥 끝까지 가 보는 겁니다.

진정 끝을 본 쾌감의 도파민 체험을 하려면 약간 기계적으로 나아가야 합니다.

이런 훈련의 최적기는 사실 초,중,고의 학창시절입니다. 조금씩 조금씩 한계를 높이며 인내심을 기르고 역치를 넘어서서 새로운 나의 가능성을 만나는 연습. 힘든 고비를 넘고 만나는 쾌감과 만족감을 청소년 시절에 알게 되면 평생 의욕적으로 살 확률이 높습니다.

'항상성'이라는 용어가 있습니다. 생명이 자신의 최적화된 몸 상태를 안정적으로 유지하려는 특성을 말합니다. 생존에 알맞은 일정한 체온과 혈압을 지속하려는 우리 몸의 상태가 항상성을 유지하고 있는 대표적인 예입니다. 대신 변화를 최소화 하고 편안한 환경을 지속하려는 경향이므로 좀 보수적이고 저항적이라고 볼 수 있습니다.

따라서 우리가 이 편안한 상태에만 너무 있으려고 하면 외부의 변화, 새로운 환경에 적응하는 능력은 취약해 질 수 있습니다. 집안에 숨어있을 수만은 없기에 우린 이 항상성이 유지될 수 있는 변화의 폭을 좀 유연하게 넓혀야 합니다.

새로운 변화와 환경에 크게 놀라지 않고 대응하고 적응할 수 있다는 자신감은 결국 자신의 한계에 도전하는 경험을 통해 얻어집니다.
역치를 높이는 것인데요. 운동을 예로 들 수 있습니다. 1키로미터만 뛰어도 너무 힘들었다면 나의 항상성은 1키로미터 이내에서만 최적화된 상태를 유지할 수 있다는 겁니다.

2키로미터를 뛰고 10키로미터를 뛸 수 있을 때 까지 나의 한계를 늘리는 도전을 하게 되면 나는 웬만한 변화 상황에서도 나를 안정적으로 유지할 수 있다는 자신감과 연결이 된다는 것이지요.

운동이든, 학업이든, 일이든 우린 쉽게 잘 하던 것을 넘어서서 조금씩 난이도를 높여 목표를 달성해 보려고 하고 결과를 완성해 보려고 할 때 내가 나를 어떻게 사용하면 되는지를 알게 되기에 세상 무서울 게 없어지는 것입니다.

두려움과 소심함, 오랜 안주로 인한 무기력은 생명력을 감퇴시킵니다. 삶은 재미 없어지고 의미도 없어지지요. 불안도가 높아지고 의기소침해지면 우선 자신이 가장 괴롭습니다. 우울하거나 죽고싶어지기도 합니다.

따라서 우린 나에게 적합한 한계에 도전하는 목표를 설정하고 감정을 섞지 않고 좀 기계적으로 끝까지 가보는 작고 큰 미션들을 일상에 배치해야 합니다.

1) 마음에서 우러나오는 목표와 도전을 정하세요

결국 무언가를 달성하고 완성하고자 한다면 감정을 섞지 않고 기계적으로 훈련하는 이성적인 마음 자세가 중요하다고 말씀드렸지만 이런 건조한 마음 자세를 지속적으로 유지 시키려면 **첫 시작의 동기 유발은 내 마음에 있어야 합니다.** 뭐가 되었든 내가 조금이라도 끌리고 설레는 야릇한 열정이 있긴 해야 한다는 거죠. 남이 시키는 것, 누군가의 강요, 돈이라는 보상, 이기기 위해서 만으로는 어느 이상으로 나아갈 동력이 약합니다.

초심의 열정에 비해 과정 속에서 심리적 고비가 올 때 이유 불문하고 포기하지 않고 진행해 보려는 훈련이 가능하려면 괴로운 순간을 버티게 해주는 초심, '호기심이 있었고 해보고 싶었다.' 라는 기억이 있어야 합니다.

그리고 최종적으로 무사히 결승점에 왔을 때 결국 내가 그렇게 원하던 것을 달성하고 완성했다는 쾌감은 타인의 강요나 외적 보상으로 인해 움직였을 때 보다 몇 배로 달콤합니다.

2) 무리하지 말고 나에게 알맞은 목표점을 설정하세요

한계에 도전하자, 역치를 높이자라고 마음을 먹고 목표를 설정할 때 나에게 알맞은 정도를 가늠하는 것도 시간이 좀 필요합니다.
1키로미터를 뛰는 사람이 얼만큼씩 도전해서 10키로미터 까지 뛸 수 있게 될것인가는 사람마다 계획과 작전이 달라져야 합니다.

체력, 기존 경험, 처한 현실 등을 전반적으로 반영하여 나에게 알맞은 정도를 계획해야 하기에 이리저리 해보면서 목표와 계획을 수정하게 될 수도 있습니다.

첫 책을 쓰기로 했다면 초보자 입장에서 나의 기질과 취향, 경험 등을 고려하여 첫 책의 콘셉트를 결정해야 할 테고 현재 사용할 수 있는 시간, 현실을 파악하여 기한, 완성 시점 등을 설정해야 할 겁니다.

나를 잘 파악하고 현실을 고려해서 스트레스가 과하지 않아야 끝까지 완주하는 힘을 잘 분배 할 수 있습니다. 그리고 타인과의 비교는 절대금물입니다. 저 사람은 1개월만에 해내는 것을 왜 나는 6개월이나 걸리지 하는 단순 비교만큼 무의미한 감정 소비가 없습니다.

모두 입장이 다르고 상황이 다릅니다.
체질이 다르고 성격이 다릅니다.

옳고 그름, 우열, 잘나고 못난 평가 등을 핑계로 내가 원하는 것으로 끝을 보고 결과를 완성하는 고급 쾌감을 놓치지 마세요.
한 번 경험하면 그 이후로는 쉬워지고 더 '나' 답게 다듬어 나가는 건강하고 뿌듯한 삶이 이어집니다.

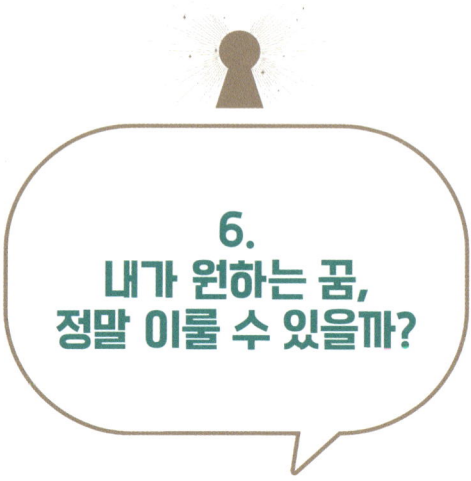

6. 내가 원하는 꿈, 정말 이룰 수 있을까?

　꿈을 이룬다는 표현에 각자마다 떠올리는 상상이 다 다를 것입니다. 그럼에도 코칭을 하다 보면 좀 획일화된 생각의 경향이 있습니다. 100명의 사람에게 100가지의 삶이 있다지만 우리는 다양한 방식으로 자기만의 인생을 가꿔 나가기 보다 다수가 인정 해줄 만한 것, 다수가 추앙하는 것, 자랑할 만한 것들에 자신의 삶을 꿰어 맞추려고 합니다.

99명이 같은 생각을 하고 1명인 나만 다른 생각을 한다는 것, 나만 다른 스타일의 삶을 산다는 것은 상당히 두렵습니다.

내가 원하는 꿈, 원하는 삶을 사는 것 보다 무리에 소속되며 어울리는 안정감이 심리적으로 훨씬 안심이 됩니다.

지금의 시대에 보편적인 사람들의 시각은 이렇습니다.
'꿈을 이룬다는 것은 성공을 하는 것이다. 따라서 성공하지 못할 바에 내가 원하는 것은 안 하는 것이 낫다.' 그런데 성공한다는 것은 또 무엇일까요? 돈을 많이 벌거나 유명해지는 것인가 봅니다. 따라서 내가 원하는 것을 시도할 거면 돈을 많이 벌거나 유명해져야 한다는 거겠죠.

누군가가 좋아하는 일을 하면서 어려움을 겪으면 보통 이렇게 말합니다. "넌 좋아하는 일 하잖아. 네가 원하는 거 하잖아. 그러니까 힘들다는 소리 하지 마."
돈 벌려고 직장 나가는 사람이 힘든 거고 이것이 더 우월해 라고 여깁니다. "좋아하는 걸로 잘 되는 것이 쉬울 줄 알았어? 쯧쯧쯧."

뭔가 모순 적인데 돈 벌러 직장 나가면서 힘든 것이 유세가 됩니다. 네가 하고 싶은 것, 좋아하는 것을 하고 있다면 조용히 있어라? 그래서 내가 원하는 것을 선택해서 뚝심 있게 나아가는 사람들이 희한하게 이를 갈게 됩니다. '보란 듯이 성공할 거야. 돈 많이 벌고 유명해 질 거야.' 그러면서 자신이 원하는 걸 하는데 괴로워 집니다.

보여주기식 목표를 달성해야 하니까요.

결국 이런 사회 속에서 누군가는 결국 성공하지 못할 거면 내가 원하는 꿈은 꾸지 말자고 미리 접어 버립니다. 그리고 그냥 돈벌이, 대단히 성공하거나 유명해질 필요 없는 돈벌이에 충실하면서 적당히 무리들과 스트레스 풀고 소속감을 느낍니다. 평범해지는 것이 가장 어렵다며. 세상이 만든 돈 중심의 사고에서 평범함을 꿈 꾸며 고단한 일상을 사는 것이 자랑스러운 삶입니다. 내가 원하는 것을 하려면 보란 듯이 성공하기 위해 마음 단단히 먹어야 하는 거구요.

그 와중에 집안 좋고 학벌 좋아서 '사'자 붙은 고위층의 거부할 수 없는 계급 사회는 또 인정합니다. 꿈 따위가 뭐가 중요한가요, 타고난 것 안에서 낙오 되거나 배제 되지않고 살아남는 것이 중요하지요.

이러한 분위기와 현상이 이해는 갑니다만 사실 완전히 속고 있는 겁니다.

이렇게 설정한 시선을 당연하다고 믿고 사람을 판단하고 평가하고 비교하면서 이 체제를 굳혀 가는 것일 뿐 입니다. 이렇게 생각을 안하기로 하면 완전히 다른 삶을 살면서도 낙오 되지도 배제 되지도 않을 수 있습니다.

자신이 원하는 꿈에 대해 코칭으로 그 본질을 파헤치다 보면 사실 대단한 성공을 원하는 경우는 잘 없습니다. 앞서 말한 대로 사회 분위기에 휩쓸리며 보여주기식 목표가 붙은 것 뿐이지요.

사실 가장 먼저 나의 안위를 걱정하는 사람들이 부모님이기 때문에 좋은 마음으로라도 보여주기식 목표를 설정하게 됩니다.

표면적이고 형식적인 결과를 위해 나 다운 방식과 완성이 계속 뒤로 밀리는 상황이 됩니다.

1) 잘 하든 못 하든 원하는 것을 당장 실행하세요

잘 해야, 재능이 있어야 하는 것이 아니라 호기심 나고 끌리면 그냥 하는 겁니다.
생존 중심, 돈 중심, 평판, 평가에 연연해 하면 우린 즐거울 수 있는 많은 경험들을 놓칩니다.
수학이 좋으면 당장 수학을 공부하세요. 춤을 추고 싶으면 당장 춤 추러 가세요. 장사를 해보고 싶으면 작게 시작해보세요. 책을 써보고 싶으면 글을 쓰기 시작하세요.

남을 완전히 잊으세요.

나의 궁금함과 호기심에 완전히 빠져드세요. 훗날 어떻게 될지 아무 생각도 하지 마세요. 그건 훗날 알아서 할 겁니다.

남들이 비웃던 말던 정말 관심 끄세요.
그냥 좀 부끄러우려니 하세요.

2) 세상의 고정관념을 의심하고 완전히 내 스타일로 꿈을 가꾸세요

청소년 시절 좋아하던 것이 베이스 연주인 분이 있습니다.
베이시스트로 대단히 성공하지 못할 바에 당연히 때려치셨죠.
요리도 좋아하십니다. 요리는 돈 벌이가 좀 더 수월하다고 생각하고 요리사가 되기로 했습니다.
그런데 마음 한 켠에 계속 음악 활동에 대한 미련이 남아 있습니다.
그런데 꼭 때려쳐야 했을까요?

직장인 밴드나, 취미 밴드 베이시스트 활동을 하면서 요리사를 하면 안되나요?

그림을 그리고 전시를 하면서 회사를 다니면 안되나요?
온갖 잡무와 아르바이트를 겸하면서 연극 배우를 하면 안되나요?
그러다가 주업이 어느 날 바뀔 수도 있구요.

그 동안 만들어진 사회의 설정에 속아서 나를 걱정하는 주변인들에게 쫄지 마세요.
오히려 다른 가능성으로 자신만의 독창적인 삶을 찾아낸 사람들을 발굴하세요. 생각보다 많습니다.

돈을 많이 안 벌고, 대단히 유명해지지 않아도 됩니다. 보란 듯이 증명할 필요 없습니다. 안정적이냐 아니냐도 너무 생각하지 마세요. 삶에 안정적이라는 것이 있을까요?

다른 주제에서도 다뤘지만 안정적이고 싶어서 자꾸 나를 축소 시키고 안주하면 오히려 두려움만 커지고 무기력해지며 삶이 의미가 없어집니다. 오히려 일이 더 안 풀립니다.
이런 것에서 벗어나 새롭게 바라보면 내가 원하고 바라는 방식으로 성과를 내고 일상을 가꾸는 것이 정말 행복하다는 걸 알게 됩니다. 성공을 증명하려고 하지 말고 자신만의 행복을 비밀스럽게 느끼고 그 향기를 주변인들에게 전하세요.

N잡러의 시대가 된지도 벌써 몇 년이 되었습니다.
다양한 가능성과 방식으로 자신이 꿈 꾸고 살아보고 싶은 삶을 시도하고 가꿔보세요.

좀 부지런해지면 됩니다. 알맞은 경제활동, 취미활동, 도전, 배움, 나눔 등으로 나만의 라이프 스타일을 완성하세요.

7. 부자가 되려면?

　다양한 코칭 주제 속에서 이런 저런 이야기를 나누다 보면 "돈을 많이 벌고 싶다, 쉽게 벌고 싶다."는 말씀도 많이 듣습니다.
그 욕망을 억누르며 표현하는 분도 계시고 부끄러워하며 표현하는 분도 계시고 매우 당당하게 표현하는 분도 계십니다. 예나 지금이나 먹고 살기 위한 물질을 획득하기 위해 인간은 목숨을 걸어왔고 현재는 돈이라는 거래 수단을 사용해서 필요한 물질 및 서비스를 구합니다.
돈은 나쁜 것이 아니죠. 인류가 필요에 의해 이런 저런 시도 끝에 현재의 방식도 택하게 된 것 뿐이니까요.

심리 문제를 다루다 보면 결국 돈 그 자체는 아무 문제가 없습니다만 사회 분위기와 인식, 가정 환경 등으로 인해 돈을 어떻게 여기는가가 문제라면 문제가 됩니다. 한 인간의 사고방식, 가치관이 결국 돈이든 사랑이든 일이든 인생의 방향과 색깔을 결정합니다.

사실 라이프 코칭에서는 단순히 부자가 되는 법, 돈을 쉽게 빨리 버는 법을 공식처럼 획일적으로 찾아내는 과정을 우선으로 하진 않습니다. 재테크 강사, 재무 컨설턴트, 마케팅 강사, 주식 전문가들이 당시의 흐름을 읽어내고 목표를 공략하도록 제시하는 방법들은 나의 내면과 진심을 잘 살펴보고 자신 답게 미래를 설계한 후 가장 마지막에 다가가는 과정입니다.

돈은 삶의 필수이지만 그것을 바라보는 나의 태도와 인식이 어떤지, 결국 왜 돈을 많이 벌고 싶은지, 쉽게 벌고 싶다는 진정한 의미는 뭔지 등을 깊이 있게 파헤치는 것이 우선입니다.
돈을 미워하거나 천하게 여긴다면, 집착하며 과하게 욕심 낸다면, 무관심 하거나 경계 한다면 그러한 심리 상태가 말 해주는 숨은 메시지를 찾는 것이 중요합니다.

한 시절 다양한 도전과 인생 경험 중 나의 능력으로 경제 활동을 하는 성취감, 뿌듯함 자체로 돈의 의미가 클 수 있습니다.

의도하지 않은 사건, 실수로 다급하게 큰 돈이 필요할 수도 있습니다. 내면을 먼저 돌아본다는 것은 삶의 여정 속에서 자연스럽게 찾아오는 돈과의 연결 말고 감정적으로 사로잡힌 돈의 시선을 돌아보자는 겁니다.

부자, 큰 돈, 쉬운 돈이라는 의미로 이야기를 나누다 보면 몇 가지 공통의 경우들로 좀 묶입니다.

첫째로 어린 시절 부모님이 돈으로 큰 고생을 한 모습을 본 경우 입니다. 이럴 경우 돈의 가치가 상당히 커집니다. 돈이 없으면 너무 비참하고 돈으로 인해 인생은 매우 불행해 질 수 있다는 사고방식이 크게 자리 잡게 됩니다.

둘째로는 반대로 좀 부유했던 경우입니다. 부유한 어린 시절의 기억이 매우 편안했고, 주변에 가난하거나 덜 부유한 사람들과 비교해서 우월감까지 느꼈을 경우 부자, 돈에 집착 할 수 있습니다.

셋째로 그냥 평범한 많은 가정이 자본주의와 화려한 물질 공세 속에서 부모님들이 돈돈돈 거리게 되고 자녀들은 그걸 보고 자랍니다. 이러나 저러나 돈이 좀 있어야 좋은 집도 갖고 차도 삽니다.

부모님들의 성격과 갈등 해결 방식에 따라 어떤 자녀는 부모의 지독한 돈에 대한 집착, 돈으로 인한 끊임 없는 부부 갈등으로 스트레스를 받고 자라나기도 합니다. 그러면서 부자가 되지 않으면 삶은 참 의미 없구나 라고 가치관이 형성될 수 있습니다.

넷째로 건강하고 성실한 일상, 소박하고 알찬 하루로부터 얻는 만족과 기쁨보다 화려하고 자극적인 일상들로 얻는 짜릿함이 가능하고 이를 부추기는 상업적이고 의도적인 이미지들과 유혹이 많습니다. 예전에는 불가능했던 쉽게 돈 버는 법이 허황되고 거품도 있을지언정 분명 가능하기도 해보입니다. 성실하고 소박한 사람이 오히려 용기 없고 소심한 사람으로 취급되기도 합니다.

한 번 태어난 인생! 부자, 큰 돈 정도 꿈 꿔야 패기 있고 능력 있는 현대인 같습니다.

이 모든 경우가 모두 내가 없고 나를 잃은 상태입니다.

그냥 보고 자란 것, 내가 경험한 풍경 속에서 당연한 듯 굳어지고 사로잡힌 관점이고 사고방식입니다. 일정 부분 맞기도 합니다. 한 가족이 살아가야 할 집이 있어야 하고 식비, 학비, 여가 활동비 등을 구비해야 하는 데 경제 구조가 불평등 하고 불안해 보이기도 하니 어떻게 성실하고 소박할 수만 있겠나 싶습니다.

편법이든 기적이든 바래봐야 세상 물정을 아는 현명한 사람 같기도 합니다.

좋습니다. 무수한 생각의 변이과정, 100세 인생 속에서 하나로 옳고 그름을 정리하자는 것은 아닙니다. 괜히 불안해 하고 쉽게 남과 비교하고 마구잡이로 휩쓸리지 말고 나 자신으로 돌아와 진정 내가 원하는 삶과 돈에 대한 관점을 정리하자는 것입니다.

삶은 참으로 다양한 요소들로 구성됩니다.
행복의 공을 유지하는 다리는 여러 개여야 합니다.
하나의 다리로 행복을 지탱할 수도 없고 해서도 안 되겠지요.

어떤 요소들로 내 인생 전체의 행복을 디자인 할 것인가 큰 그림을 그리는 중에 나에게 돈은 어떤 의미이고 어떻게 다뤄나갈까요?

부자가 되기 위한 두 가지 실행법 정리해보겠습니다.

1) 돈을 바라보는 관점을 정리하세요

　돈을 도구이자 수단으로 투명하게 보지 않고 감정적으로 보고 있다면 그 감정을 살펴야합니다.

나의 우월감, 열등감, 존재 가치를 재산 여부와 엮고 있다면 감정적으로 돈을 보고 있는 거겠죠.

감정적으로 돈을 바라보게 된 계기를 살피세요. 가정환경, 사회 속에서 상처가 있었는지 내면아이 치유를 또 해야합니다.

- 도구이자 수단인 돈이 100살을 사는 동안 기복이 없을 수 있을까요?
- 돈이 많으면 으스대고 돈이 없으면 위축되고 창피해 하는 것이 맞나요?
- 돈이 많으면 내가 잘난 거고 돈이 없으면 난 못난 게 맞나요?
- 경제적 어려움의 시기가 있으면 안되나요? 정말 큰일 나고 굶어 죽을까요?

이러한 감정적인 시선에서 자유로워지면 진짜 부자가 됩니다.

돈이 없어도 마음이 부자일 수 있고 실제로 이런 분들에게 큰 돈이 붙더군요. 물론 이런 분들도 100세 동안 기복이 있을 수 있습니다.

돈이 있다가 없고 없다가 있는 동안 심정적으로 크게 엮이지 않으면 전반적으로 계속 부자가 됩니다.

욕심껏 돈돈 거리며 부자가 된 사람들이 있더라도 보지 마세요. 이런 부자도 있긴 하지만 마음이 메말라 있고 심술에 차서 함께 하기 싫은 사람들이니까요.

2) 건강한 일상을 만들어 가는 법과 돈을 다루는 법을 연결하세요

보통 건강한 일상을 만들어 가는 것에 목적을 두면 돈 또한 건강하게 다루게 됩니다.
마음이 공허하거나 중요한 것들을 회피할 때 과소비를 합니다.
인생에서 도전하고 싶은 건강한 목적이 있을 때 돈을 모으게 됩니다.
과거의 상처를 치유하지 못해서 우울하거나 무기력하면 돈에도 무관심하게 됩니다.

돈으로 풀거나 돈에 무관심하다면 부자가 될 수 없겠죠?

큰 돈을 벌고, 쉽게 버는 방법보다 중요한 것이 돈을 다루는 우리의 자세입니다.

건강한 식단, 운동, 목표 설정과 꾸준한 실행, 행복한 관계에 집중하면 자동으로 돈을 건강하게 다룹니다.

아픈 상처를 치유하고 남과의 비교를 멈추고 우월감에 도취되지 않고 열등감으로 자기 비하를 하지 않으면 돈을 건강하게 다룹니다.
우린 이렇게 돈이 있어도 없어도 부자인 사람이 됩니다.

돈은 수단이자 도구로서 우리를 편리하게 만들어 줄겁니다.

두 가지
실행법 모음

1부. 감정 — 내 마음을 이해하고 다루기

1. 불안한 마음을 어떻게 진정시켜야 할까?

1) 글로 쓰며 셀프 코칭하세요.

2) 5분만 명상 하세요.

2. 눈물이 너무 많아요. 그게 싫어요.

1) 오히려 작정하고 우세요.

2) 30분 동안 울어야 할 눈물을 20분 만에 그치지 마세요.

3. 우울하고 무기력해요. 사는 이유를 모르겠어요.

1) 나를 사랑해주고 믿어주고 지지해 줄 사람들과 연결되세요.

2) 아무것도 억지로 하지 말고 내 마음이 시키는 즐거운 일만 하세요.

4. 아이에게 심하게 화를 내는 나, 이유가 뭘까?

1) 상처 받은 내면아이를 치유 하세요.

2) 이유 불문하고 아이를 꼭 안아주세요.

5. 상처 받은 내면아이, 마주하기가 두려워요.

1) 아무것도 겁내지 마세요.

2) 전문가의 도움을 받으세요.

6. 트라우마, 없앨 수 없을까?

1) 트라우마성 기억들을 떠올리고 공포, 억울함, 응어리를 푸는 작업을 하세요.

2) 트라우마에 갇혀 형성된 왜곡된 세계관을 교정하고 새로운 자신의 모습을 도전하고 시도하세요.

7. 감정 조절을 잘 하는 법은?

1) 감정을 알아차리고 그냥 내버려 두세요.

2) 감정을 정확하게 명명하고 어떤 욕구가 숨어 있었는지 찾아보세요.

2부. 관계 ― 상처를 주고받는 사람들 사이에서

1. 대화를 잘 하려면?

1) 나의 사고방식과 컨디션부터 점검하세요.

2) 지시형이 아닌 질문형으로 말을 건네세요.

2. 상처 줄 까봐 걱정되고 불편해요.

1) 그들의 감정과 그들의 인생사에 자유를 주세요.

2) 상처 주고 싶지 않은 마음은 자신이 상처 받고 싶지 않은 강력한 욕구임을 알아주세요.

3. 자기중심적이고 무례한 사람, 어떻게 대처할까?

1) 자신의 과거를 돌아보고 상처를 치유하세요.

2) 자기 중심적이고 독단적인 마음이 나에게도 있는지 살펴보세요.

4. 짜증 나는 사람 때문에 힘들어요.

1) 인간의 다양성을 인정하세요.

2) 대상에게 거부감이 들어도 감정적 소비를 이어가지 마세요.

5. 왜 사람들은 나를 만만하게 볼까?

1) 어린 시절 애정 결핍을 크게 느꼈는지 살펴보세요.

2) 자신만의 가치관, 철학들을 재정립 해보세요.

6. 아무도 못 믿겠어요 (1) - 불신과 상처

1) 긍정적이고 지혜로운 사람, 책, 환경을 적극적으로 찾아내세요.

2) 내 안의 긍정, 사랑, 지혜를 살려내고 나에게 먼저 실천하세요.

7. 아무도 못 믿겠어요 (2) - 저 말이 진실일까

1) 세상이 원하는 잘난 모습 속에 숨겨져 있는 진정한 나를 탐색 하세요.

2) 인정받고 사랑 받고자 하는 중독에서 벗어나세요.

8. 인간 혐오가 큰 거 같아요.

1) 내 멋대로, 나 하고 싶은 것을 시도 할 수 있는 장을 만드세요.

2) 나를 위축시키는 존재들과는 거리를 두세요.

9. 사랑, 연애, 왜 이렇게 어려울까?

1) 긴 호흡으로 사랑을 만들어가세요.

2) 솔직하게 자주 서로의 감정을 소통하세요.

3부. 일상 — 내 삶을 지켜내는 습관들

1. 자꾸 미루는 습관, 어떻게 고칠 수 있을까?

1) 내 마음 상태 및 진심을 돌아보세요.

2) 나를 바꾸려고 하기보다 주변을 바꿔보세요.

2. 쉬면 불안한 나, 잘 쉬려면 어떻게 해야 할까?

1) 타인과 외부의 정보를 보지마세요.

2) 마음이 쉬도록 하세요.

3. 스마트폰 중독, 어떻게 끊을 수 있을까?

1) 고급 도파민으로의 전환을 위한 강력한 조치를 취하세요.

2) 아무것도 없는것에서의 충만함을 깨우는 명상을 일상화 하세요.

4. 왜 이렇게 자주 아플까?

1) 반드시 나의 마음 상태, 스트레스 상황을 짚어보세요.

2) 나만의 감정 관리, 스트레스 관리법을 반드시 찾으세요.

5. 혼자 있지 못하는 나, 혼자 잘 있으려면?

1) 혼자 있을 때 더 잘 들리는 내 마음의 소리들과 친해지기로 작정하세요.

2) 가만히 속삭이는 내 마음속의 소리와 감정들을 글로 적어보세요.

6. 명상, 꼭 해야 할까?

1) 매일 5분만 눈을 감으세요.

2) 나의 생각과 감정을 아무런 판단과 평가없이 있는 그대로 바라보세요.

4부. 자아 찾기 — 진짜 나로 살아가기

1. 부모님, 사회가 시키는 대로 살았는데 이제 어떻게 살아야 할까?

1) 스무 살부터는 성인이 되니까 그 동안의 어른들 세계관을 벗어버리세요.

2) 이제라도 자기 파악과 탐색을 시작하세요.

2. 하고 싶은 것, 해야 할 것 너무 많은데 우선순위는 어떻게 정하지?

1) 남과 비교하지 마세요.

2) 가볍게 이것저것 집적거리며 정확한 내 마음을 파악하세요.

3. 내 생각에 확신을 가지려면?

1) 지금까지 믿고 따르는 가치 기준, 인생 매뉴얼이 어떻게 형성되었고 누구의 것인지 살펴보세요.

2) 남의 기준에서 벗어나 나만의 기준, 나만의 인생 매뉴얼을 만드세요.

4. 내가 좋아하는 것, 어떻게 찾을 수 있을까?

1) 타인의 시선, 가까운 사람의 기대에서 완전히 분리하세요.

2) 돈과 먹고사는 일 말고 닥치는데로 무엇이든 작게 경험하세요.

5. 마음이 시키는 대로 살아도 괜찮을까?

1) 나를 겁주고 통제하려는 존재로부터 멀어지세요.

2) 내 호기심, 내 끌림대로 선택해보세요.

6. 나도 착한 사람 컴플렉스?

1) 나의 욕구, 감정, 자신만의 가치를 알기 위한 자기 탐색을 시작하세요.

2) 타인을 기쁘게 함으로써 사랑 받고자 하는 습관을 무조건 멈추세요.

7. 사람은 정말 변할 수 있을까?

1) 자신이 깊게 갖고 있는 세상을 보는 눈, 사고방식에 질문을 던져보세요.

2) 빠르게 외부의 현상이 바뀌어야 한다고 생각 말고 매일 내 마음가짐만 달리하세요.

5부. 자기 계발 — 꿈과 성장을 향해

1. 새로운 시도가 두려운 나, 어떻게 용감해질 수 있을까?

1) 쪽팔릴 준비를 하세요.

2) 넘어지고 일어나는 연습을 하세요.

2. 많이 의존적인 나, 홀로 설 수 있을까?

1) 그 사람에게 의존하는 면을 내 안에서 깨워내세요.

2) 내 안에서 원형을 깨워 내기로 했다면 서툴러도 반복적으로 연습하세요.

3. 성격은 바뀔 수 있을까?

1) 있는 그대로의 자신을 수용하고 자기 성격의 장점과 강점을 파악하세요.

2) 겸비하고 싶은 면모를 기존의 자기 성격에 추가하여 코디하세요.

4. 빠르게 실력을 키우려면?

1) 3년, 1년, 1개월 식으로 장기 목표와 단기 계획을 명료하게 정리하세요.

2) 빠르게 실무로 뛰어드세요.

5. 인내심을 갖고 결과를 만들어내는 힘은?

1) 마음에서 우러나오는 목표와 도전을 정하세요.

2) 무리하지 말고 나에게 알맞은 목표점을 설정하세요.

6. 내가 원하는 꿈, 정말 이룰 수 있을까?

1) 잘 하든 못 하든 원하는 것을 당장 실행하세요.

2) 세상의 고정관념을 의심하고 완전히 내 스타일로 꿈을 가꾸세요.

7. 부자가 되려면?

1) 돈을 바라보는 관점을 정리하세요.

2) 건강한 일상을 만들어 가는 법과 돈을 다루는 법을 연결하세요.

책을 마치며

 코칭 현장 날 것의 열기들이 기록된 파일들을 열어 두서없이 책의 내용을 구성하다가 조금씩 흐름과 맥락을 잡아갔습니다. 하고 싶은 말들이 목구멍까지 차오르는 느낌이었고, 메모가 끝도 없이 쏟아졌습니다. 어느덧 쪽 수가 늘어나고 점점 이야기 할 소재가 줄어들었습니다. 이 정도로 할까 싶어 죽 정돈해 보니 우리네 고민들과 실행법이 물이 한 곳으로 모이듯 하나로 모여드는 기분이 듭니다.

다른 고민들로 내용이 바뀜에도 꼭 잔소리 마냥 같은 대답을 하는 느낌도 드는데, 이것이 의미하는 바가 크다고 생각합니다. 겉으로 드러나는 고민은 어떤 것은 감정문제, 어떤 것은 관계문제, 어떤 것은 돈 문제 등등이지만 사실 해결 방식은 '건강하려면 운동하세요' 수준의 뻔하고도 근본적인 이야기들로 귀결됩니다. 귀찮고 부담스러워서 피하고 싶은 실행지침들이 결국 반복됩니다. 적당히, 쉽게 가보려고 하지만 그럴 수 없음을 계속 확인 하는 느낌입니다.

[자아찾기] 챕터에서 제가 가장 흥분한 느낌이 들더군요.

저 또한 살면서 이 지점이 가장 어려웠고, 고객님들을 만나면서도 '이 부분을 가장 어려워 하는구나' 생각했기 때문에 그 정서가 고스란히 글에 담긴 것 같습니다.

양육과 교육에 있어서 기성의 문화와 인식을 비판하는 내용들도 자주 등장하는 거 같습니다. 자본주의 산업 사회의 문화 전반에 대한 각성과 책임 의식의 필요성도 피력합니다.

마치는 글에서도 다시 한 번 강조하게 되는 부분은 진정 [자아찾기]입니다. 내가 누군지 알고 살았으면 좋겠습니다.

[삶을 바꾸는 비결]의 핵심은 스스로의 심리적 힘, 내 주관, 내 가치관을 차근차근 쌓아 올리는 과정에 있습니다. 나만의 독자적 감각을 찾고 삶의 경험들에 직접 부딪히며 나만의 방식으로 인생을 만들어 가는 자립심과 주도성을 평생 다듬어 가야하겠습니다. 타인의 평가에 연연하고 남과 비교하며 눈치 보는 분위기에서 완전히 빠져나와야 합니다. 심리적으로 독립하고 자신 다운 모습으로 단단히 중심을 잡을 때 비로소 타인과도 진정 사랑하며 교류할 수 있습니다.

누군가에게 심리적으로 의존하거나 종속되면 사랑도 협력도 불가능합니다.

자기 정체성을 인지하고 세워나가야 결국 그 자아를 깨고 더 큰 나로도 나아갈 수 있습니다.

사실 자아를 깨기 위해 자아를 세워야 합니다.

앞서 2가지 실행법으로 항상 마무리 했는데 마치는 글은 3가지 실행법으로 마무리 해볼까 합니다.

1) 우리 모두 좀 더 공부 합시다.

시대가 더 발전한 만큼 연구되고 정리된 좋은 자료들이 많고 접근하기도 쉬워졌습니다.
마음만 먹으면 책이든 영상이든 전문가든 다 찾아낼 수 있습니다.
아는 만큼 확실히 달라집니다.
특히 마음에 대해, 인간에 대해, 나 자신에 대해 공부하려는 의지가 더 많은 사람들에게 퍼지면 좋겠습니다.

2) 내가 갖고 있는 사고방식, 관점에 반드시 질문을 던지세요.

관점이 바뀌면 세상은 완전히 다른 곳이 됩니다.
당연하다고 여기는 것들이 진실이 아니라 사회 속에서 길들여지고 세뇌된 것일 수 있습니다.
어느 곳을 바라보고 있는가, 어떻게 바라보고 있는가를 잘 살피세요.
그 동안의 방식으로만 사물과 세계를 바라보느라 존재하지만 보지 못하는 세계가 있다는 걸 잊지 마세요.

3) 내면 성장을 위해서도 꼭 시간을 투자하세요.

생존, 안심할 만큼의 재산, 지위, 외적 만족을 위해 시간을 투자하는 만큼 근본적인 삶의 질을 높이는 내면 공부와 성장을 위해서도 꼭 시간을 투자하세요. 나를 알고 잘 사용하기 위해, 감정을 잘 다루기 위해, 관계를 잘 맺고 대화를 잘 하기 위해, 습관을 바꾸기 위해서도 돈을 잘 벌기 위해 애쓰는 만큼 심혈을 기울여야 성과가 납니다. 동시 진행이 충분히 가능합니다. 생존과 재산 뒤로 내면 공부와 성장을 미루지 마세요. 사실은 내면이 성장해야 생존과 외적 만족에 더 유리합니다.

진정 더 행복해지기 위해 우리 모두 함께 공부하고 훈련하기로 해요. 저는 코치로서 함께 하겠습니다.

참고 문헌

질 볼트 테일러 지음, 진영인 옮김, [나를 알고 싶을 때 뇌과학을 공부합니다], 윌북, 2022.
제니퍼 헤이스 지음, 이영래 옮김, [운동의 뇌과학], 현대지성, 2023.
줄리아 카메론 지음, 임지호 옮김, [아티스트 웨이], 경당, 2017.
엘리자베스 퀴블러 로스*데이비드 케슬러 지음, 김소향 옮김, [상실수업], 인픽투스, 2014.
John Bradshaw 지음, 오제은 옮김 [상처받은 내면아이 치유], 학지사, 2011.
김주환 지음, [내면소통], 인플루엔셜, 2014.
루퍼트 스파이라 지음, 김주환 옮김 [알아차림에 대한 알아차림], 퍼블리온, 2024.
이부영 지음, [그림자], 한길사, 2008.
용수 지음, [내가 좋아하는 것들 명상], 스토리닷, 2023.

오랜 기간 코치가 되기까지, 저의 사고방식 전반에 영향을 준 많은 참고문헌이 있습니다만 최근 저에게 더 영향을 미치고 이 책에 직접 인용한 책들 중심으로 기재하였습니다.

삶을 바꾸는 비결
요즘 사람들의 고민, 인생코치와 함께 찾은 2가지 실행법

초판 1쇄	2025년 11월 27일
지은이·펴낸이	나비다 조혜연
편집	조혜연, 이종환
표지·본문 디자인	행복한 창작소
펴낸곳	나비북스
출판등록	제25100-2020-081호 (최초신고일 2020년 11월 17일)
주소	서울시 성북구 보국문로 8다길 67, 210호
이메일	nabschooloffice@gmail.com
ISBN	979-11-972678-1-9 (03190)

이 책의 저작권은 나비다 조혜연에게 있습니다.
저작권법에 의해 보호를 받는 저작물이므로 무단 전재와 무단 복제를 금합니다.
책값은 뒤표지에 있습니다. 파본은 구입하신 서점에서 교환해드립니다.

삶을 바꾸는 비결

요즘 사람들의 고민,
인생코치와 함께 찾은 2가지 실행법